FRANKLIN

富兰克林自传

FRANKLIN

（美）本杰明·富兰克林◎著

王储◎译

吉林出版集团股份有限公司

全国百佳图书出版单位

图书在版编目（CIP）数据

富兰克林自传/（美）本杰明·富兰克林（Franklin, B.）著；王储译.——长春：吉林出版集团股份有限公司，2011.9（2019.5重印）

ISBN 978-7-5463-6801-6

Ⅰ.①富… Ⅱ.①本… ②王… Ⅲ.①富兰克林，B.（1706～1790）—自传 Ⅳ.①K837.127=4

中国版本图书馆CIP数据核字（2011）第182208号

富兰克林自传
FULANKELIN ZIZHUAN

著　　者：	（美）本杰明·富兰克林
译　　者：	王　储
责任编辑：	矫黎晗
封面设计：	书心瞬意
出　　版：	吉林出版集团股份有限公司
发　　行：	吉林出版集团社科图书有限公司
电　　话：	0431-81629725
印　　刷：	北京德富泰印务有限公司
开　　本：	880mm×1230mm　　1/32
字　　数：	210千字
印　　张：	7.5
版　　次：	2011年9月第1版
印　　次：	2019年5月第3次印刷
书　　号：	ISBN 978-7-5463-6801-6
定　　价：	32.00元

如发现印装质量问题，影响阅读，请与印刷厂联系调换。022-58708299

目录

CONTENTS

第一章　正传

1771 年，富兰克林在英国特怀福德镇圣阿萨夫教堂主教家写给威廉·富兰克林，他曾回忆"写这篇文章的目的早在开头就说过了，这里面有许多对别人来讲无关紧要的家族琐事"。

一、正传前言

亲爱的儿子:

　　我自己一直喜欢收集祖先的逸闻趣事。你可能还记得,我们在英格兰的时候,我就曾为了探寻身世跑了很远的路,拜访亲族中的老人。也许你也会同样想要了解我的一生,正好我现在在乡间休假,大概有一星期的空闲时间,我准备把那些你可能感兴趣的事写给你。

　　当然,我写这些东西肯定要有其他更有意义的理由。如你所知,我生长在贫穷和微贱之中,又经历了诸多磨难,最终意外地拥有了财富和声望,我的经历有许多幸运的成分,我的一生靠了上帝的眷顾。我期待后辈们能喜欢知道这些故事,期待他们能在我的经历里找到一些有用的东西,并对自己有所帮助。

　　现在安静地坐下来回忆自己的一生,坦白讲我比较满意。如果还能再版重新经历一次的话,我绝不反对,不过,我更希望能够享有作者再版时改正初版错误的权利,可以抹掉一些办得不妥帖的事,让别人更舒服一些。当然就算是没有修改的可能,我还是很愿意按原样再活一遍。遗憾的是,这样的事恐怕永远也不会发生。既然重演不大可能,那么只好如实地把平生记录下来,希望这些回忆能流传得更久远一点。

　　所以,我也纵容自己作为老人的再自然不过的癖好,絮叨絮叨家族的旧事。如果我这么谈论自己,听众或许会感到厌烦,而且为了敬老,可能还要非听下去不可,但是如果写下来,看与不看,听或不听都悉听自便了。当然,我还要坦承写自传能够极大地满足自己的虚荣心(我想我还是自己承认了好,因为即使我否认,别人也不会相信),说句老实话，我很少听到别人说完类似"我可以毫不自夸地说"之后，不继续说一番自吹自擂的大话。

人们不喜欢别人浮夸吹嘘，不论对方是不是确有优长。但是，我总能对这些自负心怀宽容，因为我认为其实这种自负对他和他身边的人是有好处的。如果一个人只是把自负当作对自己的慰藉，并怀着一颗感谢上帝的心的话，那么这和荒诞的自命非凡并不是一回事。

现在，既然我提及了上帝，我倒愿意谦恭地承认，我一生中很大一部分幸福要归功于上帝仁慈的恩赐，是他给我指明了处世之道，并让我获得了成功。虽然我不应该苛求，但这种信仰不禁让我相信上帝将会像从前一样地恩泽于我，不论是令我继续尽享幸福，还是让我经受命中注定的逆境（像其他人一样，我也经历过，并将继续经历它），我未来的命运会驶向何方只有上帝清楚，焉知不是上帝在用苦难作为前奏来祝福我们？

二、家族传承

我的一位伯父，是我的同好。有一次，他交给我一些札记，提供了一些有关祖先的事情。从这些札记中，我了解到我们家族在北安普敦郡埃克顿村，至少已经住了300年；而在这之前究竟还有多少年，他就不知道了（也许是从他们采用"富兰克林"为姓氏的时候起，当时英国各地的人们都在起用姓氏，而"Franklin"一词原指英国十四五世纪的非贵族的小土地所有者或自由农民）。

我们的祖先享有30英亩的领地，以打铁为副业。直到我伯父的时候，这个副业一直由长子继承。我伯父和我父亲都遵循这个家族传统。我查考了埃克顿村的户籍册，只找到了1555年以后的出生、婚娶和丧葬记录。

我祖父托马斯生于1598年，住在埃克顿村。我祖父一共拉扯大了4个儿子，分别是托马斯、约翰、本杰明和约瑟，直到他年老力竭无法出工的时候，才住到他的次子约翰那里去。约翰是牛津郡班伯里的一个染匠，我的父亲正是跟着他学徒的。我的祖父就死在了那里，也葬在了那里，在1758年我们曾经看过他的墓碑。祖父的长子托马斯一直住在埃克顿，后来把住宅和田产留给了他的独女。他女儿和女婿（女婿是威灵堡一个叫做菲雪的人）又把房产卖给了伊斯德先生，现在伊斯德先生还是那里的业主。可惜札记不在手边，如果那些札记在我离家以后没有丢掉的话，你能在其中找到更多详细的介绍。

大伯父托马斯子承父业，不过他天资聪慧，在当地教区大绅士帕尔梅先生的鼓励下（他的弟弟们也得到了同样的鼓励），取得了担当书记官的资格，因此成为了整个北安普顿郡公益事业的主要推动者，许多建议都是由他倡导的。他还得到了哈利费克斯爵士的赏识，成了当地颇有声望的人物。大伯父于1702年1月6日辞世，4年之后的同一天我出生了。我记得当我们从北安普顿的一些老人口中听到关于大伯父的故事时，你觉得很符合我的经历和个性，感到很是惊诧。你曾经说："他如果在你出生的那天去世，也许有人会以为是灵魂转生呢！"

二伯父约翰学了染匠，我想应该是染呢绒之类的毛织品。

三伯父本杰明学了染丝，在伦敦当学徒，他也是个聪明人。我清楚地记得，在我还是个小孩子的时候，他来到波士顿，住在我父亲这儿，我们一起住了几年。他很长寿，安土重迁，他的孙子塞缪尔·富兰克林直到现在还住在波士顿。本杰明留下两大本4开本的诗稿，里面的短诗多是一些赠给亲友的即兴之作。下面这首诗就是赠送给我的（富兰克林在括号中加了一个注"嵌在这儿"，但是未附实例）。他还曾经创造了一种独特的速记法，并且教给了我，但是因为疏于练习，现在已然完全忘记了。我的名字就是跟了三伯父，因为我父亲跟他感情特别融洽。伯父笃信教义,只要有出色的牧师布道,他一定参听,并用他的速记法记下来,因此他身边有许多记满教义的笔记本。他还是个很好的政治家,比照他的染匠职业或许有些大材小用了。最近,我还在伦敦找到了他搜集的从1641年到1717年间重要的政论手册,从卷号看来,有许多册已经遗失了,但还是有对开本8本,4开本和8开本一共24本之多。一个专营旧书的书商偶然间得到了这些书册,因为我时常买他的书,与他熟识,所以他就把这些书册送给了我。看样子是伯父在去美洲之前留在伦敦的,算起来已经是50多年前的事了,伯父还在书边上加了许多注解。

我们这个微贱的家族很早就信奉新教,在整个玛丽女王统治时期一直都是新教徒,当时由于他们强烈反对教皇,时时有遭受迫害的危险。他们曾有一本英文版的《圣经》,为了隐藏和保全这本《圣经》,就用绳子把它绑在一个折凳的凳面底下。当我的曾祖父对着全家诵读经文的时候,他便把折凳翻转过来放在膝盖上,翻动绳子下边的那些书页。他还会留一个孩子守在门口,一旦看见宗教法庭的传令官走来,孩子就会立刻通风报信。此时,曾祖父就把折凳重新翻过来使其四脚着地如正常一般,《圣经》也就自然地藏匿起来了。这些小故事都是我从伯父那听来的,一直到查理二世统治的末期,全家还是一致信奉新教。但是在那个年月,有一些牧师因为不愿信奉国教教条而被开除教籍,在北安普顿郡举行的会议上,本杰明和我父亲约瑟皈依了非国教,并终身矢志不渝,家族中其余的人仍然继续信奉国教。

我父亲约瑟成家很早,大约在1682年带着妻子和三个孩子迁到新英格兰来。当时的法律禁止非国教教派的宗教徒集会,而且这种集会常常受到扰乱。我父亲的好友中一些有声望的人想移居到新大陆去,我父亲也被说服,陪同他们前往享有宗教自由的地方去。在新英格兰,他的妻子又生了4个孩子,而他的继室生了10个,一共是17个孩子。我还记得有一段时光,他的餐桌前围着13个孩子,而且这13个孩子都长大成人，各自婚嫁。我是最小的男孩，比我小的只有两个妹妹。

我生在波士顿。母亲是父亲的继室，名叫阿拜亚·福格尔，是彼得斯·福格尔的女儿。彼得斯是新英格兰第一批移民中的一员，曾被科顿·马瑟光荣地在本国宗教史上提到过，称他为"一个虔诚而饱学的英国人"。如果没有记错的话，我听说他曾经写过各种各样的作品，但是只有一篇付梓，在好多年前我还曾经读过。那首诗写于1675年，是用当时民间流行的诗歌体裁写成的，写给当时的执政当局。这首诗拥护信仰自由，声援饱受迫害的浸礼会、教友会和其他教派，认为殖民地遭受的印第安人战争和其他灾祸是迫害教徒的后果，是上帝对这些迫害的判决和惩罚，奉劝当局废止残暴不仁的立法。我觉得整首诗坦率、磊落。这诗的结尾六行，我还记得，但是前两节已经记不得了，不过大意是说他的批评原是出于善意，所以他并不打算隐匿自己的真名实姓：

由于从心坎里

憎恨做匿名诽谤的人；

我现在就住在谢尔本；

我的姓名就写在这里；

你真诚而善良的朋友

——他就是彼得斯·福格尔

哥哥们都做了各种行业的学徒，不过父亲却打算把我贡献到教会去服务，所以在我八岁的时候就被送到语法学校读书。我在读书方面聪颖早慧（我很早就识字，我简直不记得我不能读书是在什么时候），父亲的朋友一致认为我将来会在读书上有所建树，这些都促使我父亲送我去读书。伯父本杰明也赞成我读书，并且把他速记的布道讲演的册子全都送给了我。不管怎样，我在语法学校读了不到一年，竟从年级中等变为年级之冠，并且还升入了二年级。在那年年底就要升入三年级了。因为家庭人口多，父亲无法负担我上大学的费用，并且他看到许多受过大学教育的人日后穷困潦倒不能自足，便改变了原先的主意，送我到一个写算学校。这所学校是当时著名的乔治·布朗纳先生主持的，他的办学很成功，能够循循善诱，春风化雨。在他的教导之下，我很快地学会了一手不错的书法，但是在数学上却毫无进步，考试都没有及格。10 岁时，我被接回家，帮助父亲做事。他经营的是油烛和肥皂，这不是他的本行，因为他一到新英格兰就发现染色业生意清淡，不能维持一家所需，于是就改了行，我就此干上了一些剪烛心、浇注烛模、看守店铺、跑腿送货的工作。

我讨厌这些工作，一心想去航海，但是父亲极力反对。不管怎样，因为住在沿海，我常到水边去，擅长游泳，也学会了划船。当我和其他小孩子在小船上时，通常由我来指挥，尤其是处境危险的时候。就是在别的事情上我也是孩子中的头儿，惭愧的是，有时候我会令他们陷入窘境。

在磨坊边上有一片盐泽，涨潮时，我们时常站在边上钓鲹鱼，践踏得多了，我们把边沿踩成了一个泥洼。我提议在那里修筑一个钓鱼台，把一大堆石块指给他们看，那些石块原来是为在池边建一所新屋预备的，却正合我们的需要。到了晚上工人们离开之后，我召集了几个同伴，像蚂蚁一样不辞劳苦地工作，有时要两三个人搬一块石头，最终我们把石块全搬光了，建成了我们的钓鱼台。第二天早上，工人们不见了石块堆大为惊诧，后来才在我们的钓鱼台上找到。他们追究是谁干的，于是我们的把戏被戳穿了，还告诉了我们的家长，有些同伴因此受到了责备。虽然我辩解说这件事是好事，但父亲却教训我说："不诚实的事是不会有益的"。这件事虽说在当时是不对的，但显示了我早年热心公益的精神。

我想你或许很想知道一点你祖父的事吧。他中等身材，体格强健，生性聪敏，会画画，会一点音乐，他的嗓音清脆悦耳。所以，在忙完一天收工之时，他往往会在他的提琴上拉着圣歌的调子，和着歌声，听上去悦耳清神。他对机械很有天赋，对其他行业的工具也常常无师自通。他最大的能力，就是在处理公私重大问题时表现出来的深刻见解和正确判断。虽然家里儿女众多，窘迫的家境把他牢牢地拴在了商业上，但是常常有地方名流来请教他镇上或者教会上的事务，他们态度诚恳，对我父亲的判断和忠告极为重视，也常有一些人来和他商量自己遇到的困难。有时候，他就成为了双方争执的仲裁人。他喜欢尽可能地邀请一些见解通达的朋友、邻居来家里围桌畅谈，并且总能机敏地引出一些有益的话题来辩论，以增进大家的智慧。用这个方法，他引导我们关注善良、正直的处世之道，我们甚至很少再去留意餐桌上的食物烹调的好坏、食材是不是过季、味道是不是鲜美。我们对这些事情是如此的粗心大意，以至于常常对面前的菜肴漠不关心。直到现在，如果在饭后几个小时来问我吃了什么，我会瞠目以对。以致在旅途中，当我的旅伴们因为缺少可口的食物来满足他们更精致的口味时，我绝不会因为这些而感到不愉快。

　　我的母亲也有一副好体格，她哺乳了所有的 10 个孩子。除了父母去世时因痛苦生病之外，我从没见过他们患过一点病。父亲享年 89 岁，母亲在 85 岁时离世，他们的遗体共葬在波士顿。墓前立了一块大理石墓碑，铭刻着如下的碑文：

　　约赛亚·富兰克林和

　　阿拜亚·富兰克林

　　共葬于此

　　五十五年

　　相亲相爱

　　既无田产，又无薪酬

只有勤勉的劳作

以及上帝的福佑

他们供养了一个大家庭

安乐舒适

培育了十三个子女和

七个孙儿

以及一个好名声

读到这块墓碑的人

请勉励自己努力勤谨

相信上帝

约赛亚，一个虔诚谨慎的人

阿拜亚，一个细心淑善的人

他们的孩子

特立此碑聊表孝意

约赛亚·富兰克林生于一六五五年，死于一七四四年，享年八十九岁。

阿拜亚·富兰克林生于一六六七年，死于一七五二年，享年八十五岁。

从我絮絮叨叨的离题话里，我看到自己已经渐渐衰老了，我往常写文章是很有条理的。只是，参加私人约会并不必要穿得像赴舞会一样正式，有时候文笔散乱可能只是疏懒罢了。

三、师从印刷，刻苦向学

　　言归正传，我在父亲的铺子里就工作了两年，也就是说一直到我12岁的时候。我的哥哥约翰原本是蜡烛匠学徒，那时选择离开父亲，自己成了家，到罗德岛独自生活。这样一来，我注定要接替他的位置，成为一个蜡烛制造商。但是我很不喜欢这个工作，父亲害怕假如不替我找一个更合适的职业，我也会像哥哥一样离家出走去做水手，因此他不时地带我出去散步，借以仔细旁观细木匠、泥水匠、车匠、铜匠们工作，来观察我的志趣爱好，力图把我的爱好吸引到陆地上的行业上来。借这个机会，我仔细地观察了工匠们如何娴熟地使用机械工具，我很喜欢看，而且受益匪浅，找不到工人时，我也能在家里做些小的修理工作。我还曾做了一些小机械，甚至还因此备受鼓舞、兴奋不已。最后父亲为我选择了制刀业，因为伯父本杰明的儿子塞缪尔在伦敦学过这个，正在波士顿开店。我做了一阵子见习工，但表哥希望我交点学费，这触怒了父亲，我又被领回了家。

　　我自幼喜爱读书，手中仅有的一点零花钱都用在了买书上。因为喜欢看《天路历程》，我收藏的第一部书就是约翰·班扬的分成数个小册子的文集。后来我把它卖掉了来买柏顿的《历史文集》，都是从小贩们那里买来的，价格便宜，全集共有四五十册。我父亲的小图书馆里收藏的大都是些神学论辩的书，虽然那时早已决定不做牧师了，但还是基本都读了，因为当时我正是求知若渴的时候，迄今我依然为不能读到更多的好书而深感遗憾。父亲有一本普鲁塔克的《名人传》，我读得很熟，而且感觉花掉的时间很值得。还有一本笛福的《计划书》和一本马瑟博士的名叫《为善论》的书，这两本书很可能潜移默化地改变了我的思想，以至以后人生中的一些重大决定都受其影响。

这个酷爱读书的习惯促使父亲最终决定叫我学印刷业，虽然哥哥詹姆斯已经学了这个行业。1717 年哥哥从英国回来，带来了一架印刷机和铅字，就在波士顿办起了他的印刷所。我对印刷业的爱好远胜过父亲的那些行业，但是我仍然热爱着航海。由于哥哥的前车之鉴，父亲怕自己再生忧愁，所以急欲叫我跟哥哥詹姆斯学徒。我抗拒了一阵子，最终还是妥协了，签订了师徒合同，当时我只有 12 岁。我要做学徒直到 21 岁，仅仅允许我在最后一年支取最低的工资。在短时期内，我就熟悉了印刷业，成了哥哥的得力助手。我跟一些书铺的学徒们打交道，这些小小的社会活动使我能够从他们那里借到一些小书，但我要保证迅速归还和书本的整洁。有时候在晚上借到一本书，怕被人发现缺了我借的书或是担心有人来买这本书，次日一早必须送还，所以我只得常常抖擞精神读到深夜。

有一阵子，精明强干的商人马瑟·亚当先生经常到我们印刷所来。他家藏书颇多，并且注意到了我，还邀请我到他的藏书室去，而且欣然借给我一些我想读的书。那个阶段我迷上了诗歌，还写了几首小诗。我哥哥认为我在写诗上可能有所发展，就鼓励我继续诗歌创作。我即兴创作了两首民谣，一首题为《灯塔悲歌》，写灯塔看守人沃西·莱克和他的妻女沉船的故事；另一首是《水手之歌》，说的是海盗黑胡子就擒的故事。两首诗实在不值一提，都是用市井俚语写成的，印好了以后，哥哥让我沿街叫卖。第一首销路很好，因为诗里写的是刚刚发生，而且轰动一时的事情。好评让我沾沾自喜，但是父亲给我泼了冷水，他嘲笑我的诗，并且告诉我诗人都是穷光蛋，劝我作罢。这样我就没能成为一个诗人，当然，很可能是个十分拙劣的诗人。不过散文的写作对我日后的发展很有帮助，也是我发迹的主要手段。我会慢慢告诉你，我是怎么获得这个小小的才能的。

在镇上还有一个酷爱读书的孩子，叫约翰·科林斯，我跟他往来甚密。我们常常争论，特别希望能够驳倒对方。这种好辩的脾气，很容易发展成坏习惯。特别是没有实际意义的争辩，往往让人觉得十分讨厌。因此，它不但使交谈变得别扭，而且让原本可以交朋友的地方变成了让人嫌恶的地方。在阅读父亲那些宗教辩论书的时候，我就发现了这点。后来我一直观察，发现明达事理的人是很少有这种坏习惯的，除了律师、大学里的人和受教于爱丁堡的人。

有一次，不知为什么我和科林斯开始辩论起妇女应不应该接受高等教育，以及她们有没有能力从事研究的问题。他认为妇女不应该受高等教育，因为她们天赋低劣，不能胜任。或许仅仅是为了争辩而争辩，我就站在了反对的一面。他天生善辩，词汇丰富，有时候我觉得他之所以能压倒我，是靠他的口才而不是因为论据多么有说服力。一直到我们分手，而且短期不会有机会见面的时候，争辩也没有得出定论。后来，我就坐下来把论点写下来，誊清后寄给他，他回信，我又答复。双方交换了三四封信之后，碰巧父亲看到了我的信，他虽然并不参加我们的论战，但是趁机和我讨论起了我的文章的优劣。他说，虽然在拼写和标点方面我胜过论敌（这要归功于印刷所的工作），但在词句优雅、条理明晰方面我都不如对方，还指了几处让我信服。我知道父亲的意见是公允的，所以从此以后便更加注意，力求改进。

在这前后，我偶然看到一本残缺不全的《旁观者》，是第三卷。我以前一本也没看过，买了这本散册以后，反复读了几遍，十分尽兴。我认为里边的文章写得棒极了，我很想模仿它的风格。抱着这个念头，我取出其中的几篇，把每句的大意摘出来，放置几天以后，再试着不看原书，用自己想得起来的最合适的词句，把摘录下来的大意还原成整篇文章。然后我把原文拿来比较，发现自己的错误并加以改正，但是我发现自己词汇贫乏，常常是想不出合适的词来使用。我想如果我没有放弃写诗的话，我的词汇一定会丰富得多。因为为了合律和押韵，写诗常常需要找到意义相同但长短不同、声调不同的词，这就迫使我不断地搜寻不同形式的同义词，从而使我记住它们并且运用自如。因此，我把一些散文改写成了诗，过一阵子，当我差不多把原来的散文全忘了以后，我再把诗改回散文的格式。有时，我会把摘记下来的大意打乱，几个星期之后，再努力把它们用最协调的顺序排好，然后把它们扩成完整的句子，拼成全文。这样做是为了训练我的构思能力，在拿复原后的文章与原文比较时，发现错误，修改正确。有的时候我会心生痴想。在一些意义不大的细节之处，比如在条理和语言上有时我竟侥幸做得比原文还要出色。这种幻想鼓励了我，使我相信自己或许能成为一个不那么差劲的英文作家。对于当作家，我是颇有雄心的。我做这些练习和阅读是在晚上下班之后，或在早上开工以前，或是在星期日。星期日我总想办法独自留在印刷所里，尽量避免做礼拜，尽管父亲严格督促，而我也认为做礼拜是应尽的义务，但我还是极力躲避这些普遍遵守的仪式。对我来讲，时间宝贵，我匀不出时间去参加这些活动。

大概在我 16 岁的时候，偶然见到一本特里昂写的书，推荐了一个素食谱，我决心严格遵照，只吃蔬食。当时哥哥尚未结婚，没人主持家务，他和学徒们就在另外一家人家包饭，因为我不吃荤，还引起了麻烦，所以常常因为这个怪癖而受到责备。我学会了几样特里昂式的烹调菜式、烧土豆饭、速成布丁和几样别的饭菜。然后我向哥哥提出：如果他愿意把我每周的伙食费的一半给我，我可以自理伙食，他立刻同意了，不久我就发现我甚至可以从中再节省下一半，这成了我购书的额外基金。此外，这样做还有一个便利，当哥哥和其余的人出去吃饭的时候，我独自一人留在所里，草草地吃完点心——通常不过是一块饼干或者一片面包、一把葡萄干或者从面包铺买的一块水果馅饼和一杯清水——我就能够利用余下的时间来读书，一直读到他们回来。由于节制饮食常常能使人头脑清醒、思想敏捷，所以我在读书方面大有进步。

以前，我曾经因为不谙算术而感到羞愧，在学校时算术曾两次不及格，于是我把柯克的算术书从头到尾学了一遍。我还读了舍勒和斯图美的航海书，熟悉了书里的一点几何学，但是除了一点皮毛以外，我对几何学没有作过更深入的研究。大约也在这个时期，我读了洛克的《人类悟性论》和波特洛亚尔派的会员们著的《思维的艺术》。

正当我一心改进文体的时候，我偶然发现了一本英文文法书（我想那是格里·伍德所著的），在书的末尾有两篇修辞学和逻辑学的简短介绍，其中关于逻辑的那篇，在结束时举了一个使用苏格拉底论辩法进行论辩的范例。此后不久，我就买了色诺芬的《苏格拉底回忆录》，在这本书里有许多这种论辩法的实例，我被这个方法迷住了，扔掉了我那些粗暴的反驳和独断的立论，转而采用谦虚的、探究的、怀疑的方式。在读了莎弗茨伯里和科林斯的书以后，我对我们教义的许多论点都产生了疑问，成为了一个怀疑论者。我觉得苏格拉底的论辩法很适合我，使用起来很稳妥，能让论敌十分难堪。我很喜欢这种方法，不断地练习它，渐渐开始用得巧妙而老练，即使是很有学识的人也不容易预见结论，于是陷入狐疑之中不能自拔，我常常因此得到本不该得的胜利。

这个方法我继续使用了几年，后来慢慢放弃了它，只保留了用谦逊的口吻表示意见的习惯。每当提出任何可能引起辩驳的观点时，我从不用"确实的""无疑地"或者其他表示肯定的字眼，我更愿意说"我以为"或者"我认为某事是如何如何""依我看来它似乎是"或"我认为它应该是如此如此""由于什么什么原因"或"如果我没弄错的话，我想它是这样"。

这个习惯让我受益良多，因为我有很多机会需要说服人，在我不断劝人信服我的倡导的时候，我也因之得到不少高升的机会。再说，谈话的主要目的无非是教诲人或是被教诲，使人愉快或是使人信服，因此我奉劝那些善良的通达事理的人切勿表现出固执傲慢、自以为是的态度。这种态度总是引人反感、让人厌恶，谈话的目的也就无法达到了。别忘了，我们是为了交流思想、增进感情才谈话的。因此，如果你的目的是想教诲他人，那么讲话时过分自信、固执独断的态度往往会引起反驳；如果你的目的是获得知识、征求意见，而你依然坚定不移地坚持自己的意见，那些谦逊明达的人由于不爱争辩，或许会不屑于指出你的错误，任你依然故我。还有，用这种态度，很难使听众喜欢你，或是劝人们赞同你的观点。蒲柏曾明明白白地说过：

不应当用教训的口吻去教诲人；
别人不懂的东西，应当当做是他们忘记了的东西。

他接着又劝告我们：

即使确定无疑，也要用谦逊的语气。

接下来他本可以用其他地方的一行来衔接上文，但他却配上了一句不很确切的话：

因为傲慢即是愚蠢。

假如你问，为什么说这一行在原诗里不合适，那我必须重引这两句：

大言不惭是没有道理的，
因为傲慢即是愚蠢。

那么，愚蠢（如果人真的不幸地愚蠢了的话）不正是傲慢的原因吗？这两行诗，如果这样写，会不会更合理呢？

　　大言不惭，只有这一个理由，
　　那就是：傲慢即是愚蠢。

但是，究竟是否如此呢？愿高明的人不吝赐教。

四、兄弟失和

　　哥哥在1720年或者1721年，曾创建了一份报纸。在当时，它是整个美洲新大陆的第二家报纸，叫做《新英格兰报》。在它以前，那家唯一的报纸是《波士顿邮报》。我记得哥哥的计划曾被他的朋友劝阻，他们认为在美洲有一家报纸足够了。现在（1771年），那里的报纸已经不下25家。好在哥哥并没有放弃，当报纸排好印好之后，就派我到各条街给订户送报。

　　在哥哥的朋友中有一些有才华的人，他们给报纸写些小品文，以供消遣。这些文章使报纸的声誉提高，销量增加。这几位先生常到印刷所来。听到他们述说他们的文章是如何地受人欢迎的时候，我也跃跃欲试地想写一些东西投到报馆去，但是，我还不过是个孩子，而且我猜哥哥知道是我的文章，会反对在他的报纸上发表的。我就设法伪装笔迹，写了一篇匿名的文章，在夜里把它从印刷所的门里塞进去。这篇文章在第二天早上被发现了，哥哥就在他的朋友们照常聚会的时候传给他们看。他们读它、讨论它，我发现他们赞许这篇文章，我听见他们猜度作者的时候，提到的全是有学问有智慧的知名之士，这使我高兴不已。现在想起来，我觉得我是特别幸运地遇到他们来鉴赏我的文章,因为他们也许并不真的像我当时敬佩的那样高明。

不管怎样,在受了这次鼓励以后,我又写了几篇文章,并用同样的方式投递到报馆去,同样获得了好评。我保守这个秘密,直到把我浅薄的知识完全用尽之后才拆穿了它。这时候,哥哥的朋友对我刮目相看,但哥哥却不喜欢这样,因为他认为(或许有充分的理由相信),这会使我太自负。这可能也是我们之间从这时开始不和睦的原因之一吧。尽管他是我的哥哥,但他总以为自己是我的师父,而我是他的学徒,因此他认为我当然也应该像别的学徒一样干活。但是我认为我是他的弟弟,他应该对我放纵一点,有时候我甚至感觉他在使唤我的时候过分地鄙视了我。我们为此争吵,有时候会闹到父亲那里去,我想大概是我确实是对的,要不然就是我比哥哥更能说善辩,所以父亲的评判总是对我有利。我哥哥脾气暴躁易怒,常常打我,这使我很生气。我想,哥哥对我粗暴专横的态度也许是我一生中对独断专横的权力强烈反感的根源之一。只要想到我的学徒年限就觉得长得让人绝望,我一直盼望缩短我这样枯燥乏味的学徒期限,那个机会多少有点出乎意料地到来了。

我们在报上刊登了一篇抨击州议会的文章,触犯了州议会政治上的主张(是什么主张,我现在已经记不起来了)。他们发出了一张议长拘押票,逮捕了哥哥,控告了他,还判了一个月的徒刑。他所以遭此不幸,我想大概是因为他不愿泄露原作者姓名的缘故吧。我也被拘到议会去审问,我同样没给他们任何满意的回答,但他们只是训诫了我一顿,就释放了事,也许是因为他们认为我只是个小学徒,有保守师父秘密的义务吧。

尽管我和哥哥有矛盾,我还是对哥哥被判刑非常愤慨。在哥哥被拘留期间,我主持了报务,并且大胆地在报纸上对统治者进行了挖苦,这事我哥哥很高兴,却使别人开始对我有了恶劣的看法,认为一个少年是不应该有讽刺和诽谤的癖好的。后来,哥哥被释放了,但州议会附加了一道很古怪的命令："禁止詹姆斯·富兰克林继续刊行《新英格兰报》"。

哥哥的朋友们在印刷所里开了一次会，商讨在这种情形之下他应该怎么办。有人提议更换报纸的名字来应付这道法令，但哥哥认为这个主意并不妥当，最后决定了一个似乎略好一点的办法，以后的报纸将以本杰明·富兰克林的名义出版。为了避免州议会的责罚（即便是由哥哥的学徒刊行，责罚还会落到他的身上），他们策划把我的旧合同还给我，在合同背面注明解除一切义务，一旦新生事端就可以马上拿出来。但是为了保证我继续为哥哥服役，又另外签订了一份限制未完的学徒期限的合同，这个是要私下保存的。这实在是一个不怎么高明的计谋，但我们还是马上实施了，就这样报纸又照常刊行了几个月。

终于，我和哥哥之间又发生了新的争执。我赌他不敢把新合同拿出来，就强硬地维护我的自由。我这样趁火打劫是不光彩的，我把它当做人生中的第一个大错。不过和哥哥动不动就对我拳脚相加的坏脾气比起来，还是我的过错小些。当然，从另一个角度来讲，哥哥平时倒也不是一个性情暴戾的人，也许是那时我太没规矩、太惹人生气了罢。

五、出走费城

哥哥发觉我想要离开他的时候，就设法阻止我去镇上其他印刷所工作，他关照了每一位老板，因此他们都拒绝给我工作。我打算到纽约去，那里离波士顿近，而且也有一家印刷所。那时我已经成了地方统治者的眼中钉，从议会对哥哥的专横处置来看，假如我接着待下去，说不定会陷于困境；同时，由于我对宗教问题有欠考虑的轻率论断，教徒们已经把我当做异教徒或者无神论者了，所以我决定离开波士顿。

但是那时父亲袒护哥哥，如果我正大光明地出走，他一定会想方设法阻拦我。最后我的一个朋友科林斯略施小计解决了这个问题，他跟一个纽约州的帆船的船长商量好让我搭船，异想天开地说我是他的一个年轻朋友，因为使一个不正经的少女怀孕，而她的家族逼着我成婚，所以我不能公开地上船。就这样我卖掉了一些书，拼凑了一点钱，悄悄地上了船。因为一路顺风，三天后就到了纽约。一个年仅 17 岁的孩子（1723 年 10 月），既不认识当地的任何一个人，更没有介绍信，口袋里只有一点点钱，到了离家 300 英里远的地方。

这时，我想做一个水手的理想早已消磨掉了，不然的话，我倒可以如愿以偿了。不过还好，我有一门手艺，自信是一个技术不错的印刷工人。于是，我便找到了纽约印刷所的老板老约翰·布雷福德，他是宾夕法尼亚的第一个印刷所的老板，因为和乔治·开夫发生争执才搬出来的。他不想雇我，因为需要我的地方很少，他的人手已经够了。但是他说："我儿子在费城失去了一把好手，那个叫阿基拉·罗斯的工人去世了，你去我儿子那，他应该会雇你。"费城离纽约有 100 英里，我坐上船前往安蒲，一时带不走的行李由海路托运过去。

穿过海峡的时候，遇到了狂风，我们的帆被撕成了碎片，因此我们无法进入基尔，反而被吹到长岛去了。在途中，一个宿醉的荷兰人失足坠入海里，当他快要沉没的时候，我一把抓住了他乱蓬蓬的头发，把他拖起来，弄回到船上。掉到海水里倒让他清醒了不少，睡觉前，他从口袋里拿出一本书，希望我帮他弄干。碰巧的是，这本书正是我最心爱的作家班扬的《天路历程》，荷兰文版，铜版印刷，纸质优良，装帧得比我看到的本国语印的版本还好。后来发现《天路历程》曾被译成欧洲好多种语言，我一度猜想除了《圣经》以外，它的读者也许比任何其他书籍都要多。据我所知，伟大的约翰·班扬是把叙述和对话结合起来写作的第一人，这种写法最大的好处是吸引读者，在最动人的部分，读者仿佛身临其境，亲自参加讨论。笛福的《鲁滨逊漂流记》《摩尔·弗兰德斯》《宗教的献媚》和《家庭教师》等都成功地模仿了这种写法，理查逊也在他的《帕梅拉》中这么做过。

当我们驶近长岛时，才发现根本没办法登陆，因为那里的海滩大浪汹涌、乱石丛生。虽然船抛了锚，但是船身还是向着海岸摇摆。岸上有人来了，我们对着他们呼喊，他们也向我们呼叫，但是风是那么大，浪是那么响，根本听不清对方说的话。岸边有几只小船，我们打手势，示意他们用船来接我们，但是他们或者没明白我们的意思，或者认为根本做不到，后来就走开了。天黑了，我们除了等待风停别无他法。这个时候，我和水手都尽可能地睡下了，旁边就是那个浑身还湿着的荷兰人。我们挤在小船舱里，浪花拍过船头，溅到我们身上，根本没多久我们就和荷兰人一样成了落汤鸡。我们就这样躺了一夜，全都没睡着。好消息是第二天风渐渐小了，我们奋力驾船尽量赶在天黑前抵达安蒲。此时，我们已经在水上过了 30 个小时，既没有吃的，也没有喝的，只有一瓶混浊的甜酒，再就是咸咸的海水了。

晚上，我觉得自己浑身发烫，就躺在床上。不过，我记得在什么地方读过多喝凉水能治疗发烧，就照此方法做了，出了大半夜的汗，病竟然好了。第二天上午，摆渡上岸，向着 50 英里以外的柏灵顿徒步前进，在那里，有能送我去费城的船。

一整天都下着大雨，我浑身都湿透了，刚到中午便感到十分疲劳，就在一家小旅店里耽搁了一夜。我开始有点懊悔不该离家出走了。我看起来又十分穷酸，人家疑心我是一个私逃的仆役，语气里有了盘问的味道，很可能我会因为这种嫌疑而有被逮捕的危险。不管怎样，第二天我继续赶路，到了傍晚又住到约翰·布朗医生开的一间旅店里，离柏灵顿只剩下 8 到 10 英里了。吃东西的时候，他跟我攀谈了起来，得知我读过一些书以后，待我和气友好了许多。我们的友谊一直到他去世为止。我估计他以前应该是一个走江湖的郎中，因为没有任何一个英国或者欧洲的城市是他不能详细描述的。他有学问，人也聪明，是个了不起的非教徒。若干年后，他淘气地把《圣经》改成了拙劣的诗歌，就像以前科顿改译维吉尔的诗那样。他让《圣经》中的许多故事显得荒谬可笑，假如他的作品发表了，肯定会对那些头脑迟钝的人有害处，还好它从未出版。

我在他的旅馆里住了一夜，第二天早晨就到了柏灵顿。但是我很沮丧地发现去费城的船已经开走了。那天是星期六，在下个星期二以前再没有别的船到费城了。我只得回到城里一个老妇人那里，我之前在她儿买了一些准备在船上吃的姜饼，我问她怎么办。她很热心地让我暂时住在她家，我实在是走得太累了，就欣然接受了她的好意。当她知道我是个印刷匠的时候，就劝我留下来开一家印刷所，只是她不了解开设印刷所是需要资本的。她很热情地招待我，请我吃牛肉，只肯收下我的一瓶大麦酒作为回赠。我本来以为一直要拖到周二，但是黄昏在河边散步的时候，来了一只载了几个人的船，我发现它是开往费城的。我搭上了这艘船，因为没有风，我们全程划船。午夜左右，费城还杳无踪影，有人认定我们已经过了费城，不愿再划下去了。余下的人也不知道我们究竟在哪里，我们只好靠向岸，驶进一条小湾，在一道旧木栅旁边上了岸。10月的夜里很冷，我们用木栅生了火，围着火直到天明。天亮以后，一个同伴认出了这个地方叫库柏河，在费城南边一点。果然我们一驶出这条河湾费城就在望了。大约在星期日早上八九点就到了费城，我们在市场街码头上了岸。

我所以把旅程叙述得如此详尽，把我初次进城的情景也不厌其详地交代清楚，是为了让你能把我这时的落魄和日后的崭露头角比较一下。那时，我穿的是工作服，别的衣服还没运过来。我风尘仆仆，口袋里塞满了衬衫和袜子，不知道到哪里找个地方住下。连日的赶路、划船让我疲惫不堪，身上所有的钱不过一元荷兰币和约值一先令的铜币。我把铜币付给船上的人作为船费，他们起初不肯收，说我也划了船出了力，但是我坚持给他们了。一个人只有一点点钱的时候，反而比钱多的时候还要更慷慨一些，或许是怕别人以为太穷酸吧。

接着我上了街，四下乱转，直到走到市场附近，遇见一个拿着面包的男孩。我以前好几次都是拿面包当晚饭充饥的，所以我就问他在哪能买面包，然后立刻按他的指点跑到另一条街上的面包铺，向店员要在波士顿吃过的一种硬面包，但是费城好像不做那个。于是，我就说买一种三便士一个的面包，他们还是没有那样的面包。没有办法，我也顾不得考虑费城的物价怎样，让他给随便拿三便士的面包，他竟然给了我三个又大又鼓的面包卷。我被这么大的量吓了一跳，不过还是收了下来，口袋里装不下，就用两个胳膊各夹了一个。一边走一边啃着另一个。我就这样沿着市场街一直走到第四街，阴差阳错地走到了里德先生的门口。我未来的妻子正站在门口。瞧见了我，觉得我的样子愚蠢可笑，说实话，我也觉得是这样。后来，我拐了一个弯，到了板栗街和胡桃街上，一路上仍然吃着面包卷，又拐了一个弯以后，发现自己绕回了市场街码头，就在我乘的船旁边。我走过去喝了点水，才吃了一个面包卷，肚子就已经饱了，我把余下的两个给了跟我同船的一个女人和她的孩子，她们正等船到更远的地方去。

饭后有了精神，我又跑到街上去了。街上有许多衣着整洁的人向同一个方向走去，我加入了他们的队伍，结果一直跟到市场附近的一个教友会大会堂。我在他们中间坐下来，四下里看了一会儿，听不到有人讲话，因为太累太困，就沉沉地睡熟了，一直睡到散了会，才有一个好心人叫醒了我。这就是我在费城第一个走进去睡过觉的房子。

我又朝河边走去，一路上注视着人们的脸，遇到一个年轻的、面目和善的教友会教徒，我跟他打招呼，问他在哪里能找到住的地方。我们当时正站在"三个水手"的招牌边上，他就说："这里就是一个招待外地人的旅店，但是声誉不太好，如果信得过我，我带你到一个好一点的旅店去。"于是他领着我到水街的"弯曲旅店"。在那里，我们吃了一顿午饭，店主问了我一些试探性的问题，可能是怀疑我是私逃的人，毕竟我的年纪和穿戴都挺招嫌的。

吃完午饭，我又困倦了，店主给了我一张床，我连衣服都没脱，和衣倒下，一觉睡到晚上6点，他们叫我吃饭，饭后又早早睡下，一觉天明。我尽量把自己弄得整洁一些，前往安德鲁·布雷福德的印刷所。在那里我见到了纽约见过的老人，他是骑马来的，因而比我早到。他把我引荐给他的儿子，布雷福德客客气气地招待了我，请我吃早饭，但是告诉我他刚添了一个人，并不缺人手。不过，还有一个好消息，城里还有一家新开的印刷所，是一个叫凯默的人开的，也许他会要我；即使不雇用我，我也可以暂时住在他那，他会先给我一点活做着，一直到我找到工作。

老先生陪我一起到新印刷所去。见到凯默的时候，老布雷福德说："我带了一个年轻人来，也许他能帮上你。"凯默问了我一些问题，还交给我一个排字盘测试，接着他说虽然眼下没什么活，但过一阵子就可以雇用我了。虽然之前未曾谋面，但他还是把老布雷福德当做一个善良的长者，大谈他目前的经营情况和对未来的展望。老布雷福德没说他是同城另一家印刷所老板的父亲，当他听到凯默说他不久就可以把全城绝大部分的印刷生意承包下来的时候，就假装表示怀疑，又提了一些巧妙的问题，把对方的全部意图诱哄了出来：他仗恃着谁的势力，他准备如何承包。我站在一旁，听到了他们的全部谈话内容，我立刻看出来他们一个像一只狡猾的老狐狸，而另一个只是个不谙世故的新手。老布雷福德让我留在凯默那里自己走了，当我告诉他这个老人是谁的时候，他大吃一惊。

我发现凯默的印刷所只有一架陈旧破烂的印刷机和一套磨损的英文铅字。他正在用这套铅字排一首阿基拉·罗斯的挽歌。罗斯是个天资聪颖的青年才俊，品德高尚受人尊敬，是议会的秘书，并且还是个不错的诗人。凯默也写诗，但是十分拙劣，说实话，那简直不能被称作写诗，因为他所谓的写诗就是直接把脑袋里想的东西排成铅字。这样一来就没有原稿，而排字盘又只有一套，挽歌就几乎需要所有的铅字，没有人能帮上凯默的忙。我努力把他的印刷机检修了一下（他从来没用过印刷机，如何修理更是一窍不通），我答应他只要他的挽歌一排好，马上就能开机印刷。之后，我又回到布雷福德的印刷所了。他也给了我一点零活干，而我则得到了住宿和吃喝。几天之后，凯默叫我去印刷。这个时候，他已经弄到了另外一副排字盘，安排我重印一个小册子。

我发现这两个老板都不太熟悉自己的行业。布雷福德本来不是干印刷的，而且没什么文化。凯默虽然有些学识，但只会排字，不懂印刷。凯默曾经是法国先知派的教徒，还能学着他们那样热情澎湃地讲演。他并不表明自己信仰任何一个教派，但有时候确显得各种教派都信一点。他全然不知人情世故，并且有一点无赖气质。当我在他那工作的时候，他不喜欢我住在布雷福德那。他自己有一所房子，但没有家具，所以他无法安置我，不过他为我在上边曾经提到过的里德先生家里找到了住处。这个时候我的箱子和衣服已经到了，在里德小姐眼里，我可比第一次在街上吃面包卷时的样子体面多了。

这一时期，我开始接触到了城里一些爱好读书的青年人，我和他们一起度过愉快的晚上。我勤劳节俭地省下一些钱，生活过得很舒适。我竭力想忘掉波士顿，除了我的朋友科林斯之外，我也不想让波士顿的任何人知道我的住处。科林斯知道我的秘密，我写信给他，要他保守我的形踪。但是一件偶然发生的事情，出乎意料地让我一下子回到了波士顿。

我有一个姐夫，罗伯茨·霍姆斯，是一个行商于波士顿和特拉华之间的帆船船长。当他在费城南面40英里的纽卡斯尔的时候，听到了我的消息，就写信给我，告诉我自从我突然出走，家里的亲友们都很挂念，还向我保证，如果我肯回去，一切都可以按照我的心愿安排，他很恳切地劝我回去。我回了信，感谢他的劝告，并且详细地说明了我离开波士顿的理由，使他相信我的出走并非那么荒唐。

六、初获赏识

宾夕法尼亚的州长威廉·基思爵士当时在纽卡斯尔，而霍姆斯船长接到我的回信时他们恰巧在一起，他们便谈起了我。州长看了我的信，又听说我年纪还很小，感觉挺惊讶，夸我是个前途无量的青年人，应该加以鼓励。他还说费城的印刷所不值一提，如果我去那里创业，一定能成功，他愿意为我招揽公家生意，并在权力之内尽力帮助我。这些话是后来姐夫在波士顿转达给我的，而当时我还一无所知。有一天，当我和凯默一块儿在窗前工作的时候，我们看到州长和另一位绅士（后来知道是纽卡斯尔的弗伦奇上校）穿着华丽，穿过街道径直走向我们的房子。

凯默马上跑下楼去，以为是来访问他的，没想到这位州长却访问了我。他来到了楼上，用一种我很不习惯的礼貌口气向我说了许多客气话，表示愿意跟我结交，甚至还好意地责怪我初到费城时为什么不让他知道。然后他邀请我和他到酒馆去，他和弗伦奇上校原计划就是去那里，他们要去尝一尝马德拉酒。我受宠若惊，凯默却瞪着眼睛呆若木鸡。我陪着州长和弗伦奇上校到第三街拐角上的一个酒馆去了。他们一面喝着马德拉酒，一面劝我创业，向我描绘成功的图景。州长和弗伦奇上校都向我保证在我承揽军政两界公家生意的时候提供便利。我担心父亲未必同意这件事，威廉爵士便说他出面替我给父亲写封信，在信里陈述创业的种种好处，他确定能说服我父亲。于是，事情就这样定下了：我带着州长推荐我的信，坐下一班船回波士顿。在动身之前，我当然不会声张，照常在凯默的印刷所工作。州长不时邀我去吃饭，我觉得这是一种莫大的光荣，他还用一种想象不到的和蔼、亲密的态度跟我谈话。

　　一直到 1724 年 4 月底，才有一只开往波士顿的小船，我辞别了凯默，只说是看望朋友。我揣着州长写的厚厚的信，信里说了许多恭维我的话，大力鼓吹我的创业计划，认为这项事业必然会使我发迹。船在驶入海湾时触礁，船体出现了裂缝，海面波涛汹涌，我们不得不一直排水，我也要值班抽水。就这样航行了 2 个星期，总算是平安地到达了波士顿。我离开家已经 7 个月了，我的亲友们还一点也不知道我回家的消息，因为姐夫霍姆斯还没回家，也没写信提起我。我的突然出现让家里人大为惊异，当然大家能够见到我是很快乐的，除了哥哥，大家都争着款待我。我到哥哥的印刷所里看他，我的穿着已经比做学徒的时候体面多了，从头到脚都是整洁的新衣服，挂了一只表，口袋里还装了差不多五英镑的银币。哥哥很不自然地接待了我，把我上下打量了一番，就回去干他的活了。

　　哥哥的手下们则刨根问底地打听我到什么样的地方去了。我炫耀了一下费城，说我在那里生活得非常愉快，还说我特别想回去继续那样的生活。工人们中有一个人问我费城用什么样的钱，我就抓出一把银币，摊在他们面前。这是他们从来没见过的东西，因为波士顿通用的是纸币。接下来我又找了个机会展示我的手表，最后送了他们一点钱去买酒喝就告辞了（哥哥绷着脸显然是生气的样子）。这次衣锦还乡似的拜访惹怒了哥哥，后来当妈妈试图修复我们兄弟之间的情谊的时候，哥哥说我在他的工人面前那样羞辱了他，他是永远无法忘记和宽恕的。无论如何，至少在这件事上，他错怪了我。

　　父亲对州长的信有些难以置信，但他好些天都没向我提起它。当霍姆斯船长回来以后，他才把信拿给他，问姐夫认不认识基思，知不知道基思的为人。父亲认为叫一个离成年都还差三年的小孩子开办实业，一定是欠缺考虑的。霍姆斯极力说了赞成我的话，但是父亲还是固执地认为这是很不靠谱的一件事，最后他直截了当地否决了它。而后给威廉州长写一封措辞婉转的信，感谢他对我的栽培和恩惠，但是拒绝资助我开店，因为他觉得我还太小，把那么重要的事业委托给我他不放心。

我有个叫科林斯的朋友，是邮局的一个员工，他听了我的见闻之后十分喜欢，竟然也决定要到费城去。那时我还在等父亲的决定，他就先动身去罗德岛去了。他留下了许多数学和物理学的书，要我帮他捎到纽约去，他会在那里等我。

父亲虽然不赞成威廉的建议，但是儿子能够从那么有声望的人手里获得一封赞誉有加的推荐信，他还是很骄傲的。而且我还靠着自己的勤劳俭朴在短短的时间里把自己打扮得体面文雅，他很高兴。当他明白我和哥哥没有和解的希望之后，就允许我再回到费城去。他告诫我要谦恭地对待那里的人，争取得到大家的尊重，万不可讽刺和诽谤别人，他总感觉我以前有这样的毛病。父亲说，如果我能够一直辛勤劳动并奉行节约，那么 5 年之后我或许就有足够的积蓄开一间自己的印刷所了。假如到了 21 岁，我把这事干得差不多了，他会帮我把不足补上。这就是我从家里得到的一切，除了几样表达父母慈爱的小礼物，还有临行前他们对我的鼓励和祝福。

帆船驶入罗德岛的新港，我去看望哥哥约翰，他已经结了婚并在那定居了有些年月了。他很热情地接待了我，因为他一直爱我。他有一个叫佛农的朋友，有人欠他一笔钱，大约有 35 英镑，但是欠钱的人在宾夕法尼亚，哥哥要我帮朋友收回这笔钱，并代为保存。他给了我一张收据。这件事后来给我带来了不少麻烦。

在新港，船上又来了一批旅客，其中有两个年轻的女子和一位庄重大方、通情达理的教友会妇人，还有她的仆人。我曾为这位妇人做了些小事，也许还表现得挺有礼貌，我想这让她对我有了些好感。所以当她看到我和那两个年轻女子愈加亲昵的时候，就把我拉到一边说："年轻人啊，我真替你担心。你身边没有同伴，而且好像也不太了解世事。相信我，那两个女人是很坏的人，我能从她们的一举一动中看出来。当心她们引诱你吃亏上当。你本来也不认识她们，还是不要和她们来往了。"我最初还不大相信她们像她说得那么不好，妇人就说了一些她看到的、听到的，但是我没注意到的一些事情，我这才相信她是对的。我感谢她的忠告，答应听从她的劝告。当我们到达纽约的时候，两个年轻女人告诉我她们的住处，邀请我去看她们，但是我没去，也幸亏如此。因为第二天船主就失窃了一只银匙和一些别的东西，这些东西是从他的舱房里被偷走的。船长知道这两个年轻女人是妓女，就得到一张搜查证搜查了她们的住宅，追回了赃物，还惩罚了她们。虽然我们的船曾经幸运地逃脱了触礁沉船的危险，但躲避了这两个女人，逃脱盗窃的嫌疑，对我来说更为幸运。

在纽约我见到了科林斯，他先到那里已经有些时候了。我们算是发小，常常一起读书，但是他的条件比我好上许多，有更多的时间来读书和学习，在数学上也有极高的天赋，在这方面实在让我望尘莫及。我还在波士顿的时候，大部分空闲时间都是跟他在一起消磨掉的，那时候，他不嗜酒，是个勤勉的好小伙儿。他的学识颇受当地几个牧师和绅士们的尊敬。这一切都让他看起来像是一个将在社会上崭露头角的有为青年。可惜，我离开波士顿的日子里，我从他自己的所说和旁人的所述中，知道他沾染了滥饮白兰地的恶习。自从他到纽约，就无日不喝得酩酊大醉，举止十分乖戾，而且还赌博，输光了钱。我不得不帮他支付房租、旅费和生活费，这笔负担让我不胜其扰。

当时纽约州长伯内特听船长说起乘客中有一个年轻人带了一大堆书，就要求船长把我带去见他，于是我就拜访了他。要不是科林斯已经烂醉如泥，我一定会带他同去的。那位州长非常热情地招待了我，带我参观他的藏书室，那是一个很大的藏书室，我们聊了很多有关书籍和作者的话题。这已经是我第二次荣幸地获得州长的青睐了。这种见识对一个像我这样的穷小子来说真是太重要了。

不久，我们就向费城前进了，在路上收了佛农的那笔债，还好有了这笔钱，不然我们几乎到不了费城。科林斯想当会计，但是，虽然他有几封推荐信，但是大家能从他的口气和举止里发觉他酗酒，因此他一直没有被录用，继续跟我住在一起，费用由我负担。他知道我手里有佛农这笔钱，就不断地向我借钱，承诺说他一工作了就还我。时间长了，他借走了不少佛农的钱，每当我想起佛农也许会要我把钱汇回去的时候，就会很苦恼，我该怎么办呢？

科林斯还是不断地酗酒，关于这事我们也争吵过。当他稍有醉意的时候，他的脾气就会变得很糟。有一次，我们和另外几个青年在特拉华河划船，轮到他的时候，他不肯。他说："我要回家。"我说："我们可不为你划。"他说："你们不划，那就在水上待一夜，随你们的便。"别人都说："我们划吧，这有什么啊？"但是，我气他还因为其他的种种，我还是不肯划。就这样，他执意要我划，威胁我要把我丢到河里去。说着他沿着船舷一步步向我走来，当他走近来打我时，我一把抓住了他的腿，托起来，把他两脚朝天地扔到水里。我知道他善于游泳，所以并不担心。当他游到船边要攀上船舷时，我们就划几桨把船划到他够不着的地方。每当他游到近旁，我们就问他还愿不愿意划船，他气得要死，但还是固执地不肯答应划船。我们最后看他实在精疲力竭了，才把他捞上来，在黄昏时把湿淋淋的他带回了家。自此以后，我们难得讲一句好话。后来一个跑西印度的船长要请一个教师去教巴巴多斯岛的一个绅士的儿子，恰巧碰见他，想带他到那边去。就这样科林斯离开了我，临行前答应用他第一次薪水还我的债，但是以后我再也没有听到他的消息。

动用了佛农的钱是我一生中犯的又一个大错。这件事说明了父亲的论断并不过分，我确实还是太年轻，没有掌控重大事业的能力。但是威廉州长读了他的信，说父亲有些迂腐。他说人各有不同，不能一概而论，年长的人不一定谨慎，青年人也不见得就轻率。他说："既然你父亲不支持你开业，那我愿意出资帮你。你把需要从英国购买的东西列一张清单，我买来给你，等你有能力时再还给我。我一定要在这里开一间好印刷所，我相信你肯定能够办到。"他这话说得这样的诚挚，我深信他并非说着玩的。在那以前，我一直隐瞒在费城开业的计划，即便在当时我仍然秘不告人。如果大家知道我是靠威廉的资助的话，也许比较了解他的朋友会劝我不要信他，因为后来我听说他滥许心愿而又不履行诺言的毛病是世人皆知的。但是我原本也没有请求他帮忙，我怎么会想到他那慷慨的援助到最后只是镜中花呢？我还以为他是世界上最好的人呢。

我开了一份置办小印刷所所需的清单，算下大概需要100英镑，我把清单交给州长。他很满意，并且问我如果我自己去英国亲自选购，在场检查各种设备的质量，是不是更合适。他说："那样你在英国时还可以认识一些书商，建立自己的生意渠道。"我得承认这要更稳妥一些，然后他说："你准备一下，就搭安妮丝号去。"安妮丝号是一年一度来往伦敦与费城的船。这时离安妮丝起锚还有几个月的时间。我就继续与凯默共事，一面提心吊胆着科林斯借出去的钱，唯恐佛农来提款，还好过了几年都没有。

七、费城生活

我好像漏掉了我初到费城发生的一件事情：船靠近布劳克岛的时候，风平浪静，船上的人开始钓鱼，拖了许多鳕鱼上来。那个时候，我还坚守不食荤的原则，我想起了特赖昂的话："吃一尾鱼和无缘无故杀一个人一样，因为鱼并没有伤害过我们，它们不应该被判死刑。"这句话合情合理。但是在以前我是非常爱吃鱼的，当热气腾腾的鱼刚从锅里盛出来的时候，香气扑鼻，我几次徘徊于原则和嗜好之间。一直到有一次在剖鱼时，看见有人从鱼肚子里掏出了许多小鱼，于是我想："如果你们可以自相残杀，那我为什么不可以吃你们呢？"这样我就酣畅地吃了一顿鳕鱼，并且从此放弃戒荤，只是偶尔才吃素。做一个理性的生物是这样容易，他想做什么事就可以找出或者造出一个理由来。

凯默一点也不知道我要自己开业的事，我们相处得还算融洽。他还保留着他以前的虔诚信仰，以及热衷争辩的习惯，我们争论了不少次。我常常用苏格拉底的方法来和他辩论，先把话题引到一些看起来显然离题很远的地方，然后逐渐把他诱到矛盾和困境中去，我常常用这种方法让他上圈套，以至于后来，他小心谨慎到一种可笑的程度，对最平常的问题都不愿回答，先要问我："你究竟想说什么呢？"不管怎样，这件事让他对我的辩才评价很高，他甚至认真地拉拢我和他一起创立一个新的教派。他宣传教义，而我就去驳斥反对者。当他向我解释教义的时候，我发现有些我不能同意的东西，除非我进行一些自己的解释、加入自己的宗教观点。

凯默留着络腮胡子，因为在摩西法中有这样一条："胡须不容毁损。"他还恪守礼拜六为安息日的规矩，这两点对他而言都是最重要的。而这两样我都不喜欢，但是我同意将其加入教条之中，前提是他能接受戒荤这一清规。他说："我担心我的身体吃不消。"我向他保证他的身体只会更健康。他平常是一个饕餮之徒，因此我暗暗畅想：将来看他半饥半饱的样子应该很有意思。他答应试试吃素，但要我陪他，我们试了三个月素食。我们的食物是由邻居的一个妇女烧的，我给了她一张单子，上面列出了40种菜肴，这些菜里既没有鱼肉，也没有鸡鸭。这样突发奇想的主意倒是很省钱，每人每周花费不过18便士。从那时起我曾经几次十分严格地遵守四旬斋，从平常的食物换成斋饭或是从吃斋换到平常的伙食，我一点也不感觉不舒服。所以，我认为有人说四旬斋应该渐渐改换口味的说法是没什么道理的。我很愉快地吃着素食，但是凯默却苦不堪言，对这个束缚心生厌倦，一心向往着美味珍馐，因此当他想吃埃及烤肉的时候，就叫了一只烤乳猪。他请我和两个女友一同进餐，那烤猪端上来得太早，他无法抵抗那种诱惑，在我们到达之前就把它全部吃光了。

在这段时期我和里德小姐恋爱了。我非常尊敬她、爱慕她，我也能感觉她对我也如此。但是她妈妈认为我即将远行，我们又太年轻，刚过 18 岁，不希望我们操之过急。建议我从海外回来之后再谈婚论嫁，那时如果我能成功地开起自己的印刷所就更好不过了。也许是因为她认为我的创业规划没有太大把握。

八、同读友人

那时我的朋友有查理斯·奥斯本、约瑟夫·沃森、詹姆斯·劳尔夫，都是爱读书的人。前两个是城中有名的公证人查尔斯·布罗格顿的秘书；后一个是商店店员。沃森是一位诚实聪明的年轻人，十分正直。其他两个对宗教比较淡漠，特别是劳尔夫。他和科林斯一样，给我添了很大的麻烦。奥斯本明达、正直、坦率，对朋友热情友爱，但是在文学方面太喜欢品头论足。劳尔夫聪明多才，风度文雅，还十分雄辩。我从来没见过这样善于说辞的人。他俩都喜欢诗歌，还自己创作了些小诗。我们四个常常在星期日一起到斯库基尔河边的树林中散步，在森林里，我们轮流朗诵自己的作品，然后品评最近读过的作品。

劳尔夫喜欢写诗，自信能成为伟大的诗人，而且能因此成名发财。他一直坚信即使是最出色的诗人在初学写诗的时候，也必定是和他一样有很多瑕疵的。奥斯本劝他不要妄想，希望他了解自己并没有诗人的天赋，还是应该致力于自己的本行。奥斯本认为在从商方面，劳尔夫虽然没有资本，但以他的勤劳和诚信一定能成为一个不错的代理商，假以时日，有了积累的资金就能独立经商了。而我偶尔写写诗也只是为了消遣，不过是追求文学上的进步，并没有大的志向。

在写诗这件事上，有人提议：每人在下一次聚会时都要带上一篇自己写的诗来，大家一起鉴赏、批评、改进。我们把提高的重点放在文采和表现力上，暂不注重创作，于是我们就商定将《赞美诗》第18章重写。会期临近，劳尔夫先来看我，告诉我他的诗已经写好了，我告诉他我很忙，又无诗兴，没有动笔。然后他把他的作品拿给我看，征求我的意见，我大加赞赏。他说："但是，奥斯本从来不承认我的作品，哪怕是一丝一毫的夸奖也没有。出于忌妒，他总是千方百计地诋毁我的诗。他对你并不怎么妒忌，所以我想让你拿着这首诗，而我假装没有写，我看看他会怎么说。"我同意了，我就立刻把它誊了一遍，使它看起来更像是我写的。

轮到我们聚会了，先读沃森的诗，诗中颇有佳句，但是缺点也很多；奥斯本的作品要更好一些。劳尔夫秉持公道，指出了一些缺点，但也称赞了其中的佳句。他自己没有说作品，轮到我了，我很忸怩，说了些拙作不佳，没有充足时间修改之类的话，但是他们不肯放过我，于是，我就读了出来而且重复了一遍。沃森和奥斯本甘拜下风，跟大家一起称赞我，劳尔夫稍微地做了些批评，指出几个问题，但是我还是坚持"原文"更有韵味一些。奥斯本说劳尔夫的修正并不比原作高明，劳尔夫也就不再争辩了。后来他们两个人一起回家的路上，奥斯本还在赞扬我的诗，他说他抑制了听我读诗时赞美我的想法，他不想让人以为自己在阿谀奉承。他说："谁能想到富兰克林竟然能写出这样的诗——如此绘声绘色，如此澎湃有力，如此热情洋溢。他写得比原文还要好。他平常说话的时候好像词不达意，总是疙疙瘩瘩问题多多。但是，天啊，他的诗写得多好。"在我们下一次聚会的时候，劳尔夫揭开了我们的近似玩笑的小插曲，大家嘲笑了奥斯本好一阵子。

这个圈套让劳尔夫立志做一个诗人。我尽力劝阻他，但是他仍然继续写诗，一直到蒲柏帮助他，他才成了一个很不错的散文家。后面我还会提到他，其他两位我恐怕不会再提到了，我要在这里交代一下：沃森在几年之后死在了我的怀里，我很悲痛，他是我们之中最优秀的一个。奥斯本到西印度群岛去了，成了一位著名的律师，赚了不少钱，但是英年早逝了。他和我曾经做过一个郑重的约定：谁先去世，就在死前去看看另一个人，告诉他一辈子去过的地方，讲讲那些地方的风土人情。遗憾的是他没能履行他的诺言。

州长似乎很喜欢和我来往，常把我叫到他家。他时常提起帮我开业的事，好像板上钉钉了一样。他答应给我开一封交给银行的信用保证信来帮我支付购买印刷机、铅字和纸张的费用，除此之外，还答应给我几封他朋友的介绍信。我为了这些信拜访了他好几次，但他总是往后推脱。就这样几次三番无奈地拖延着，正巧船期也推迟了几次，直到快要启航了，我去他那告辞时，他的秘书巴德博士出来见我，说州长忙于写信，在开船之前他会到纽卡斯尔，在那里他必定会把信给我。

劳尔夫虽然已经娶妻生子，但还是决定与我出洋。我猜度他是要购建一个分销贩卖货物的站点，抽取佣金，但是后来我才知道他和妻子的家族不合，打算把她丢给他们，从此不再回来了。我辞别了我的朋友们，跟里德小姐交换了海誓山盟，坐船离开了费城。船不久就停靠到纽尔卡斯，州长果然在那里，但是当我去他的寓所的时候，他的秘书代他接见我，用极度谦恭的口吻传达了州长的口信，说他有十分重要的公务，无法脱身，但他一定会把信送到船上，衷心地祝我一路顺风，早日归来云云。我只得懊恼地回到船上，特别迷惑，但是那时我还不曾怀疑。

安德鲁·汉密尔顿先生带了他的儿子与我同船。他是费城著名的律师，他跟教友会的商人德纳姆先生、马里兰州的钢铁厂老板奥奈思和罗赛尔先生包了头舱，这样我和劳尔夫就不得不坐三等舱了。船上没有一个人认识我们，以为我们不过是平常人。汉密尔顿先生和他的儿子（詹姆斯，后来做了州长）从纽卡斯尔又回费城去了，因为有人花巨金请老汉密尔顿回去为一只扣留的船辩护。在我们正要开船前，弗伦奇上校上船来了，对我颇为重视。我和劳尔夫这才引人注意，那些绅士邀请我们住到头舱去，那里正空出两个位置，于是我们就搬了过去。

我猜测弗伦奇上校已把州长的信带到船上，就向船长要信，但他说信都一起放在信袋里了，还不能拿出来，但是在我们抵达英国前，有个机会可以分拣出这些信。我也就暂时安心了。随着船的继续前航，我们在舱中结交了不少旅伴，他们很爱交谈。我们的饮食也特别丰盛，因为除了正常的伙食以外，还有原本为汉密尔顿准备的食品，我们的旅行十分愉快。在途中，德纳姆先生和我成为挚交，我们的友谊一直持续到他辞世。但是在另一个方面，这次航行却不太愉快，因为天公不作美，大部分的日子天气都很坏。

船驶入英格兰海峡以后，船长信守了他的诺言，给我找了个机会检查信袋寻找州长的信。可是我怎么也找不到一封委托我的信，倒是拣出了六七封是他笔迹的信，我猜这应该是那些约定的信，特别是其中有一封写给皇家印刷所巴斯克特先生的，还有几封给文具商人的。我们在 1724 年 12 月 24 日抵达伦敦。我先去拜访那位文具商，他离我们最近，我递上了那封信，他却说："我不认识这个人，"当他拆开信以后又说："哼，这是里德尔斯登写来的，我近来才发现他是个大骗子，我和他已经毫无往来了，更不想收他的信。"他把信塞回我的手里，转身离开我去应酬其他顾客了。发现这些信并不是州长写的，我很惊讶，思前想后，我开始怀疑他的诚意了。我找到了德纳姆，把事情的原委告诉了他。他这才告诉我基思的品性，说他绝不可能替我写信，了解他的人没有一个人会信赖他。当德纳姆听说他会给银行写信用信的时候，他笑了起来，说州长就算写了信用信也不能担保。我马上变得很焦虑，他劝我："在这里的印刷所中找一份工作，提高自己。以后回到美洲对你的事业会很有帮助。"

我们两个和那个文具商人一样都知道了律师里德尔斯登是一个彻头彻尾的无赖。他唆使里德小姐的父亲签订合同，诈骗了他一半家产。在这信中还提到了秘密陷害汉密尔顿计划（他们以为汉密尔顿是和我们同船的），基思也参与其中。德纳姆是汉密尔顿的好友，认为我应该让汉密尔顿知晓这件事。所以当他到达英国时，我一半因为对基思和里德尔斯登的憎恶，一半是出于对他的好感，就去拜访了他，还把信给了他。汉密尔顿很感激，因为这个消息对他是很重要的。从此以后，他成了我的朋友，后来给了我很多帮助。

一个州长玩这种卑鄙的把戏，这样下流地捉弄一个穷苦无知的孩子，我又怎么能想得到呢？这可能是他养成的习惯吧，他希望讨人喜欢，但又一毛不拔，空口白条，只给人以希望。但是从另外一个方面看，他倒是一个机智聪慧的人，擅长言辞，对百姓来讲他是个说得过去的州长，我们有几项最好的法令就是他规划的，并且是在他的任期内通过施行的。虽然有时他并不那么重视辖区选民的意见。

劳尔夫和我是形影不离的朋友，我们一起寄住在小不列颠街，每周租金 3 先令 6 便士——这是我们当时能支出的最大数目了。劳尔夫找到一些亲戚，但是也都很穷，无力帮助他。他这时才告诉我他想留在伦敦，一开始就没有回费城的意思。他没带钱来，所有的钱都花在船票上了。而我身边有 15 个匹斯脱尔，所以在他找工作的时期，有时会向我借一点钱去维持生活。他最初希望在戏院里谋一个职位，自信能做一个演员，但是当他去和威尔科克斯（一个喜剧家、书商）接洽时，却被直率地告知不要再想那个行业了，他不可能在这方面有所成就。接着他到佩特诺斯特街的一个出版商罗伯茨处去提议替他编一份像《旁观者报》一样的周报，罗伯茨没有同意。而后他又企图寻找文书的职位，在伦敦法律协会附近替文具商和律师们抄写文稿，但也没能找到空缺。

九、伦敦印刷生活

　　我立刻就在帕尔默印刷所找到了工作，那是当时巴特森内一家著名的印刷所，我很勤勉地在那里工作了近一年。我生活得节俭，但是和劳尔夫去剧场还有其他业余活动还是花掉了我不少薪金。我们花光了带来的 15 个匹斯脱尔，在那之后所得就只够勉强糊口而已。他像是完全忘了他的妻子和孩子，而我也渐渐淡忘了对里德小姐的诺言，我只给她写过一封信，我告诉她我大概是不能很快回去了。这是我一生中的另一个重大的错误，假如能给我一次重来的机会，我一定会改正这个错误。事实上，以我们的开销，我连回去的旅费都是无法支付的。

　　在帕尔默的印刷所里，我被指定去排沃拉斯顿的《最后的宗教》第二版。在我看来，他的有些论点并没有充分的依据，于是我写了一篇简短的哲学论文批评这些理论，题目叫做"论自由与穷困，快乐与痛苦"。我把它拿给劳尔夫，还印刷了一些。我的文章偶然被帕尔默看到了，虽然他严正地反对我这本小册子里的主张，但是他却从此重视了我，认为我是一个有些才华的年轻人。我印刷这本小册子又是一个错误。当时我还结交了一个叫威尔科克斯的书商，他的书店就在我们隔壁。他那拥有大量的旧书。当时还没有可供借阅的图书馆，但是我们达成了类似的协议，具体内容我已经记不清了，大体就是我出一笔合理的费用，然后就可以借阅他的任何存书。我把这个看作是莫大的便利，尽力多多阅读。

　　过了些时候，我的小册子不知怎的落到了外科医生莱昂斯那里。他写过一本《人类判断的正确性》，我们因此而相识。他很赏识我，常来看我，一起讨论这类话题，还带我到齐普赛街的一条胡同里，那里有霍恩斯开的啤酒馆，还把我介绍给《蜜蜂的童话》的作者曼德维尔博士。博士是个风趣幽默的人，他在那里成立了一个俱乐部，自己就是这个俱乐部的灵魂人物。莱昂斯又在巴特森咖啡店里把我介绍给佩姆顿博士。他答应方便的时候替我安排机会见一下艾萨克·牛顿爵士。我渴望有这样一个机缘，但始终没有合适的机会。

我从美洲带来了几样古董，其中最珍贵的是一个石棉制成的钱包，这个钱包可以用火来洗涤。汉斯·斯隆爵士听说了，跑来看我，请我到他在布卢姆斯伯里广场的家里去，他把他搜集的所有珍品都拿给我鉴赏，并劝说我把这个钱包让给他。为此，他慷慨地付给我一大笔钱。

在小不列颠街，有一个年轻的女帽商人和我们同屋寄宿，我猜她在修道院街有一间铺子，她曾受过贵族教育，知书达理，聪明活泼，谈吐风趣。劳尔夫在晚上常读戏剧给她听，他们逐渐亲昵了起来。后来，她搬到别处去住，劳尔夫也跟了过去。他们同居了一段时日，但是劳尔夫一直没有工作，而她的收入又不够维持他俩和她的一个孩子的生活，于是劳尔夫决定离开伦敦到乡村去做教师。以他一手清秀的好字，以及擅长算术和簿记的本事，他认为自己到乡下教书无论如何是屈就了，他坚信自己未来一定会飞黄腾达，他可不愿意人家知道他曾经干过这样卑微的工作，所以就把名字改动了一下，出于对我的敬佩，借用了我的姓。不久之后，我就收到他的一封信，告诉我他住在一个小村庄里（我想大概是伯克郡，在那里他教12个孩子读书、算术，每周可领6便士的薪金），他把一位夫人托我照顾，并希望我能够给他写写信。

他坚持不懈地写作，还寄来了一首长篇叙事诗，请我批评和指正。我也不时地帮他修改润色，但是我还是劝他不要再写下去了。正好有一本新出版的讽刺诗，我抄了一篇寄给他，诗里鲜明地批判了那些毫无希望地追逐诗文创作的人的愚行，但是这些全都没用，一张张诗稿还是继续寄过来。正在这时，那位夫人由于他的关系失去了她的生意和亲友，因而穷困潦倒。她常常向我借钱，我也尽力省下一点钱来帮她解燃眉之急。我们慢慢地有了些来往，这个时候我也已经没有宗教的束缚，我仗着她对我的依赖，竟然图谋与她发生关系，这是我犯下的又一桩错误，她愤怒地拒绝了我，还把我的行为写信告诉了劳尔夫。这下我们彻底绝交了。当他再回到伦敦的时候，他宣称我的不轨行为已经勾销了过去我对他所有的恩惠。我知道我永远不可能得到借给他和替他垫付的钱了。但是在当时，这也无关紧要，因为他根本无力偿还。失掉他的友谊，我反倒有种如释重负的感觉。从这个时候起我才开始意识到要攒点积蓄了，另外，我也想得到一个更优越些的工作，于是我离开了帕尔默，到林肯旅店广场附近的瓦茨印刷所工作，这是一家规模更大的印刷所，在那里我一直工作到离开伦敦。

初到瓦茨的印刷所，我发现只有我饮清水，而别的工人，大约有50人，全都狂饮啤酒，嗜酒如命。我被安排在印刷机旁工作，印刷部和排字房在一块，我觉得自己缺少运动，远不像在美洲的时候常常运动，但我还是能上下楼两手各提一大版铅字，而其他工作需要两只手捧着一版铅字。他们看到我感觉很奇怪，就称呼我为"喝水的美洲人"，并且不肯相信我反倒比喝浓啤酒的他们强壮有力。印刷所里经常有一个啤酒店的小厮替工人们送酒，跟我同一架印刷机上工作的工友每天在早餐前要喝一品脱啤酒，吃早餐时就着面包和乳饼喝一品脱，在早餐和午餐之间喝一品脱，吃午餐时一品脱，下午六点一品脱，收工又一品脱。我认为这是极不健康的恶习，但是他倒认为，这样使得他在工作时有了力气，而且必须要喝浓啤酒才成。我极力向他证明啤酒产生的能量和制造啤酒时溶解在里边的谷物和大麦是一样的，一个价值一便士的面包产生的体力比一便士的啤酒多得多，所以要是他每餐肯吃1便士的面包，喝一品脱的水，他的力气一定比整天喝酒来得大。但是他还是继续喝啤酒，每星期六晚上他要从他的工资里拿出四五先令，就为了那种混浊的液体，这些可怜的家伙总是因为喝啤酒而入不敷出。幸好我不用付出这笔钱。

过了几个星期，瓦茨把我抽到排字房去了，我得以远离了印刷工人。排字工友却要我出 5 先令请他们喝酒，而我在印刷部已经付过了，这明显是一次敲竹杠，老板也这么认为，不让我付这笔钱，所以我有两三个星期没交，于是我成了一个像是被教友会驱逐出来的人，工人们私下里对我作了很多小恶作剧。假如我出去一会儿，他们就会把我的铅字弄乱，把我的页码颠倒，打破我的排版，搞破坏的事情不一而足。然后他们却把这一切推说教堂(工人们把印刷所称为"教堂")中的魔鬼作祟，这个魔鬼专门给没有正式进入教堂的人捣乱。尽管老板保护我，这种恶作剧还是屡有发生，最后我不得不付了这笔钱，因为我感觉跟那些生活在一起的人关系恶劣是很愚蠢的行为。

慢慢地我跟他们交情变得很好，不久就在他们中有了很大的影响力。我把他们印刷工会的规章合理地修改了几处，并且驳倒了一切反对者使改动得以通过。看到了我的榜样，大部分工友停止了啤酒配面包、乳酪的早餐，我们在隔壁订到一大碗热气腾腾的稀饭，上面洒一些胡椒粉，拌进碎面包和一些牛油。这样一份早餐合起来不过一个半便士，只有一品脱啤酒的价格，却便宜又美味，最重要的是能让他们头脑清醒。那些仍然宿醉滥饮的家伙，由于还不起酒债，常常在酒店里赊不到酒，只好求我借钱给他们买酒。按照他们自己的说法，他们"暗淡无光了"(也就是喝不到啤酒)，每个星期六晚上我就收回借给他们的账款，有时候一个星期要替他们垫付差不多 30 个先令呢。这件事让我成了举足轻重的人，而我在大家眼里又是一个风趣幽默、善于辞令的讽刺家，因而大家很尊敬我。我从不缺勤旷工，因此老板也喜欢我，又因为我排字很快，所以总是被指定做要紧的工作，这些事情一般报酬要好一些，所以我的日子过得很滋润。

我住在小不列颠街实在太远了，于是就在公爵街罗马教堂的对面另找了一个寄宿的地方，在一家意大利货栈后面的三层楼上。一个寡妇主持家务，她有一个女儿，一个女仆，另有一个看仓库的工人，但是并不住在那里。在向我从前的房东打听了我的人品之后，她答应按照我原来的租金住在这里，每周 3 先令 6 便士。照她的说法，她只是想有一个男人能住在这里，起到一点保护的作用，所以这已经是特别低廉的租金了。她年纪已经很大了，是一个牧师的女儿，从小就是新教徒，但是嫁了丈夫之后改信了天主教，一直到现在她还是非常思念自己的丈夫。过去她和上层社会颇有来往，她知道成百上千的上流社会逸闻趣事，甚至有些还关乎查理二世呢。她患有风湿，两足已跛，极少离开她的卧室，备感寂寞，很喜欢有人陪伴。她很喜欢我，无论什么时候都要叫上我，我也很乐意陪她消磨一个晚上。我们的晚餐一般是半条鳕鱼、一小块面包、一点牛油，外加半品脱的啤酒。虽然吃的粗茶淡饭，但是听她谈话才是最大的乐趣，她的谈吐让人心醉神怡。我平时早睡早起，安分守己，从不搅扰她的生活，因此当我听说印刷所附近就有一个便宜的宿舍，每周只要两先令的时候，她告诉我别去考虑它，她可以把租金减去两先令。于是，我在伦敦期间一直住在她那里，而租金只有 1 先令 6 便士。

她家的顶楼隐居着一个 70 岁的老处女。房东说她是个天主教徒，年轻时漂洋过海，去一个修道院求做修女，但是因为水土不服，又回到了英国。英国这边是没有修女院的，她立誓要过修女的生活，尽可能地隐居起来。她把自己的财产全部布施，只留下每年 12 英镑的生活费，就算这样，她仍然拿出一大部分来救济别人，自己只喝薄粥过活。她过着清苦的生活，除了煮饭以外连火都不生。她住在顶楼已经好多年了，楼下的几任天主教房东都允许她不交房租，他们认为她住在那里，可以邀福于上帝，每天都有一个教士来拜访她，为她忏悔。我的房东说："我曾经问过她，像她这样的生活，怎么还需要每天忏悔呢？她说：'呃，总是不能避免胡思乱想啊！'"有一次，我有机会前去看她。她的房间清洁朴素，只有一条地毯，一张放着十字架和书的桌子，一张她让我坐的凳子，还有一幅挂在壁炉上方的画像，画中画着女圣徒维隆尼尔在展示她的手绢,上面印着耶稣七窍流血。她很严肃地给我解释这幅画。她说话很有礼貌,也显得很高兴有人前来拜访,她面色苍白,但是从不生病。从这件事我想到:无论收入多么微薄,都可以维持生命和健康。

在瓦茨的印刷所里,我结识了一个叫威盖特的年轻朋友。他的亲戚很有钱,他受的教育比大多数的工人要好,他聪明,而且喜欢读书,拉丁文很不赖,还会讲法语。我教他和他的一个朋友游泳,只教了两次,他们就已经能游得很好了。他把一些乡村来的绅士介绍给我,这几个人是坐船途经这里到切尔西去参观学校和唐·索尔特罗的珍藏的。我们回来时,应了大家的请求,我脱掉衣服,跳入水中,从切尔西一直泅到布莱克弗里亚,一路上玩着各种各样的花样,有水上的,也有水下的。他们从没见过这种好戏法,又惊异又兴奋。

我从童年起就一直爱好游泳,钻研过色诺芬的一切动作和姿势,为了能游得优美舒展又自如实用,还加上了一些自己的心得。趁着这个机会我把全部的技巧都表演给大家看了,赢得了他们的赞美和羡慕。威盖特很想成为一个游泳高手,就渐渐地跟我亲近了。后来他还提议一起去欧洲旅行,靠印刷工作维持我们的生活。我一度颇有此意,但是当我告诉好朋友德纳姆的时候(我一有空就会跟他聊上个把小时),他极力阻止我这么办,劝我考虑回费城的事宜。这个时候,他自己也快回去了。

十、重返费城

德纳姆告诉我他准备回费城去,并且要运回许多货物,预备在那开一家商号。他想让我做他的店员,管理他的账簿(如何记账他可以教我），抄写他的信，照料铺子。他承诺等我熟悉了业务以后，他会提拔我，派我运一船面粉和面包到西印度群岛，许诺要让我得到固定薪水以外的好处。如果我经营得法，会得到很多酬劳。这事正合我意，我已逐渐对伦敦感到厌倦，回忆起昔日在宾夕法尼亚所过的快乐时光感慨良多，很想旧地重游，因此我立即接受了这一职位，年薪50宾夕法尼亚币，比起我当时排字的工资变少了，但更有前途。

我一定要在这里写上德纳姆这个大好人的一件逸事。他曾经在布里斯托尔经商，但是亏了本，欠了不少人的债，无力偿还，只好和平了结。之后他到美洲去，在那里专心致志地经商，短短几年竟然赚了一笔巨大的财产。他和我同船到英国之后，请他旧日的债主们吃饭，感谢他们过去对他欠下债款的宽宏大量。客人们还只是以为吃一顿饭了事，别无他望，但是在给每个人上第二道菜时，发现他们的盘子下面各放着一张银行支票，除了偿还以前的债款，还有利息。

接下来，我离开了印刷业，并以为是永远的离开。我开始从事新的工作，和德纳姆先生周旋于商人之间，购办货物，监督装运，催促工人捆载发送信件等等，等一切都准备就绪以后，我还有几天空闲。

就在那空闲的几天里，突然有一天，我接到了一位大人物的召唤。我仅知道他的名字叫威廉·温德姆爵士，素闻其名，未曾谋面。他不知道从哪里听说我曾经从切尔西游到布莱克弗里亚，而且能够在几个小时里就教会威盖特和他的朋友游泳的事。爵士有两个儿子，即将远行，他希望他们先学会游泳，假如我同意教他们的话，他愿意出重金酬劳我。但他的两个儿子暂时不在伦敦，而我还能在伦敦逗留多久也不能确定，因此我无法应允。不过这件事倒是启发了我：如果我留在英国开办一个游泳学校，说不定能赚许多钱。这个想法在我脑中是如此根深蒂固，假如他早几天提议的话，可能我就不会那么早回美洲去了。多年以后，我还曾经跟威廉爵士的一个儿子接洽过重大的事情，那个时候，他已经是埃格雷蒙地区的伯爵了，这事我会在后面适当的时候提到。

到此为止，我一共在伦敦住了大约一年半。大部分的时间里，我工作得很辛苦。除了看戏和读书，我甚为节俭。只是劳尔夫借去了我大约 27 英镑，他把我弄穷了，而且这笔钱也又绝不可能收回，在我微薄的收入中，这是多么大的一笔数目啊。但是，不管怎样，我还是爱他，他有那么多讨人喜欢的地方。一年半里虽然没有攒下多少钱，但是我在伦敦结识了不少聪明的朋友，跟他们的交流让我受益匪浅，而且我还读了不少书。

我们在 1726 年 7 月 23 日，从格雷夫森德起航。航程中发生的事情，我都详细地记在我的日记里了。那本札记里最重要的部分要算我的人生"规划"了，这正是我在海上时写下的。（富兰克林提到的日记中的计划，在其留下的手稿中并未发现）我想要你注意的是，当我定下这个方案的时候，我还那么年轻，而我直到老年还是很忠实地坚持着这个方案。

我们于 10 月 11 日在费城上岸，费城已经有了很大的变化。基思也不再是州长了，接替他的是戈登少校，我看见基思像普通公民一样在街上走路，他见了我似乎有些不好意思，一声不响地走过去了。其实我看到里德小姐也是同样难为情，因为她接到我的信之后，亲友们就劝她跟一个陶工罗杰斯成婚。她对我绝望了，就听从了周围人的劝告。我在伦敦期间，他们结了婚，但是婚后一直过得不快乐，没多久就跟他分手了。她拒绝和他生活在一起，拒绝姓他的姓氏。罗杰斯是一个卑劣的人，据说在外边另有一个相好的。不过他的手艺很高明，里德小姐的亲友们就是贪图这个便利才热心为她操办亲事的。后来他欠了债，在 1727 年或者 1728 年时逃到了西印度群岛，最后客死他乡。

凯默的店面扩大了，添了新的铅字，多雇了工人，还开了一家大的文具店。虽然技工们的手艺似乎并不怎么高明，但是生意很兴隆。

德纳姆先生在水街开了个店，我们把商品陈列出来，我勤勉地照料生意，学习记账，没用多久就对做买卖很内行了。我们在一起食宿，他对我视同亲生，真心诚意地教导我，关心我，尊重我。我们本应该很快乐地合作下去，但是，在1727年2月初（原文是1726年2月，但他们是1726年7月启程回美洲，1726年10月到达费城，患病不可能是1726年，应该是1727年），我刚过21岁生日，我们两个人都生了病，我得了胸膜炎，几乎丧命。我经受了痛苦的折磨，差点不想活了，等到身体逐渐复原时，反倒有了一点失望和懊恼，因为我想到自己以后迟早还要再忍受一次死亡的痛苦。我记不清德纳姆先生得的是什么病，总之，病了很久，最后去世了。他在口头遗嘱中留给了我一笔小小的遗产，算是对我的友情的表示。但他就这样让我又一次流离失所，因为店要由他的继承人接管，我的雇用合同宣告终止了。

姐夫霍姆斯现在正在费城，劝我重操旧业。而凯默也劝我，答应给我开一笔很高的年薪，要我帮他打理他的印刷所，使他腾出余力更好地照管文具店。我在伦敦的时候，从他妻子和他妻子的朋友那里听说他操行不佳，所以也就不愿意再和他合作。我本想寻求一个商店店员的工作，但是一时间也找不到，只好答应了凯默。我在他的印刷所里结识了这几个工人：

休·梅雷迪斯，一个宾夕法尼亚的威尔士人，30岁，以前在乡间做工。诚实、富有经验，也喜欢读一点书，但是有些好酒。

斯蒂芬·波茨，一个21岁的乡下青年，从前也是田间的一把好手，天资聪颖，生性幽默，但是有点吊儿郎当。

凯默用极低廉的工资雇用他们，如果他们的技术有所提高，那么每隔三个月才给他们的工资再加1先令，这种慢慢加薪的合同就是他诱惑工人的法宝，这种未来的高薪就像水中之花。梅雷迪斯做印刷工作，波茨做装订工作，依据合同，凯默要教他们技术，虽然他自己也差不多一窍不通。

约翰，是一个粗野的爱尔兰人，什么也没学过，凯默从一个船长那里买了他四年的服役期，打算把他培养成印刷工人。

乔治·韦布，是一个牛津大学的学生，凯默也签下了他四年的工作合同，打算叫他做一个排字工人。关于乔治，下面我还要讲到。

还有戴维·哈利，是一个乡下孩子，凯默收他做了学徒。

我很快发现凯默所以开出不符合他作风的高薪来雇用我，就是想让我把他这些廉价的生手训练出来，等到我教会了他们（他们都和凯默订有契约的，出徒了也无法随意转走），他就可以不用我了。不过，我仍然欢欢喜喜地工作了下去，把他的印刷所整顿得井井有条（之前是混乱不堪的），还指导他的工人们专注于自己的任务，改进自己的工作。

一个牛津大学的学生竟然沦为了卖身的雇工，而且他还不到18岁，真是一件不可思议的事。后来，他给我讲了他的身世：他生于格洛斯特，在当地的语法学校读书，在学校里演剧时，因为演技精湛，所以在学生中间很是有些名气；还曾加入"幽默社"，写过一些散文和诗歌，在格洛斯特的报纸上发表过。然后他被送到牛津上学，在大学里继续读了大约一年，但是他并不满意，希望能到伦敦看看，希望能成为一名演员。终于，当他有一次领到季度补助时，他没去还债，而是离开了牛津镇，把他的大学校服藏在金雀花丛中，就跑到伦敦去了。

在那里，没有亲戚朋友可以规劝他，他不慎结交了坏人，没多久就花光了身上的钱，也没能找到进入演艺圈的门路。他穷得到当铺当掉了衣服，正当他空着肚子在街上漫无目的地闲逛的时候，有人把一张人贩子的传单塞到他的手里，上面说凡是愿意签订卖身契去美洲服役的人马上可以得到饮食和奖励，他签下了合同，上船去了美洲。从离开家算起，他连一个字也没写给家里人。他活泼幽默，谈吐风趣，性情温和，是个很好的玩伴，但同时也懒惰，轻浮，极不慎重。

那个爱尔兰人约翰不久就逃跑了。我跟其余的人相处得很愉快，他们发现凯默一点也教不了他们，却能每天从我这儿学到点有用的东西，他们都比较尊敬我。我们星期六也不工作，那是凯默的安息日，这样我就有两天时间可以读书了。我在城里认识了更多聪慧的人，凯默待我也亲切有加，表面上十分殷勤。那个阶段我生活安逸，别无他虑，只有欠佛农的那笔钱，我还无力偿还，此时，我还没有养成理财的习惯。不管怎样，佛农很讲情义，一直没有提到这笔债。

我们的印刷所常常缺少铅字，那时美洲还没有浇铸铅字的人。在伦敦的时候，我曾经在詹姆斯的印刷所里看过人家浇铸铅字，但是未曾仔细留心具体方法。不管怎样，我仍然打算自己制作铸模，以现有的铅字为母板，造出铅模，浇铸新铅字，就这样居然还相当不错地补全了所需。我还雕了几块铜板，制造油墨，兼管仓库，简而言之，我差不多成了印刷所的打杂工。

随着别人在业务上的提高，我的作用一天天地降低，不管我怎样勤勉地工作，我还是不得不承认我已经不再重要了。当凯默付给我第二个季度的工资以后，他暗示我他感觉负担过重，希望我能够降薪，而且他对我也没有原来那么殷勤了，时常摆出一副老板的架子，吹毛求疵，无事生非，似乎想找机会与我决裂。考虑到他可能是经济情况欠佳，我仍然像从前一样工作，十分忍耐地继续维持着我们之间的雇佣关系。

终于一件小事成了我们关系突然破裂的导火索。那天法院旁边忽然传出来了很大的吵闹声，我把头探出窗外，想看看究竟发生了什么。凯默刚好在楼下，抬头看到了我，竟然声色俱厉地朝我吼叫，要我别管闲事，夹杂了不少责备的话，所有往外面看热闹的邻居都听到了。他在大庭广众之下的责骂已然激怒了我。他还跑到楼上来，继续跟我争吵，我们破口大骂，他按照合同给我三个月的解雇通知，还说真希望当时合同上没有规定这么长的解雇预告期。我马上回敬他，告诉他千万别懊悔，我马上就可以走。于是，我拿起帽子就走了，在楼下碰到了梅雷迪斯，让他帮我照看留下的一些东西，并搬到我的宿舍来。

十一、另起炉灶，思想觉醒

梅雷迪斯在黄昏的时候过来了，他非常关心我。在我离开印刷所以后，他也不愿意再留在那里了。我一开始想回到家乡去，但是他打消了我这个念头。因为他跟我透露凯默所有的东西都已经抵押光了，又把印刷所弄得乱七八糟，常常要为了现金周转而做不赚钱的生意，赊了货物有时候还不记账，他的债权人已经开始感觉不安了，所以梅雷迪斯笃定凯默必然要倒闭，这样我就有机可乘了。但是我说我没有本钱，他表示他父亲很相信我，从他父亲的口气里看，也许我和他合伙的话，他父亲会给我们投资。梅雷迪斯说："明年春天我和凯默的合同就期满了。到时候我们就去伦敦买来印刷机和铅字。我知道自己技术不行，如果你愿意，那么你出技术，我出资本，咱们平分利润。"

这个提议我欣然同意，他父亲这时候也在城里，赞成我们的计划。特别是他看到我对他儿子有很大的潜移默化的影响力，我曾经劝他戒了酒，所以老爷子很希望我们的密切合作能改掉他儿子的坏习惯。我开了一张清单给他父亲，他父亲又转交给一个商人去置办所有必需物品。在货物没运到之前我们严守秘密。在这期间我想去别的印刷所工作，但是都没有空缺，也就闲散了几天。那个时候，凯默正在承印新泽西的纸币业务，必须要有雕版和各式铅字，而这些东西只有我能做，他唯恐布雷福德雇佣了我而抢走了他的生意，所以他给我写了一封措辞非常谦恭的信，信里说那么多年的老朋友不应该因为一时气恼说了几句话就分手，希望我能回去。梅雷迪斯劝我答应，因为在我的日常指导下他可以有更多的机会增进自己的技术。于是，我就回去了，我们相处得比以前平静许多，凯默最终得到了新泽西的生意，而我替他做成铜版印刷，这在美洲可是第一次啊！我给钞票上雕刻了一些花纹和字码，又和凯默一起到柏灵顿跑了一遭，在那里我圆满地完成了所有任务，他也因此获得了一笔巨款，这让他在很长的一段时间里都不用为破产担忧了。

在柏灵顿的日子我结识了新泽西的一些要员。有几个是议会指派的监理印刷的委员，主要负责监视钞票数目不得超过法律的额定。他们一般轮流地跟我们在一起，来监督的人一般又总是带了一两个朋友来做伴解闷。我读书多，见识要比凯默广多了，所以他们更喜欢和我说话。他们邀我到他们家里去，把我介绍给他们的朋友，对我十分热情，而凯默虽然是老板，却没有这么好的待遇，他们对他显然有点冷淡。老实说，凯默算是个怪人，他不懂得与人相处，喜欢粗鲁地驳斥已被公认的意见，又很不整洁，衣冠邋遢，狂热地信奉宗教教义，这些都让他显得有些流氓气。

我们在那里继续工作了大约三个月，在此期间我结识了法官爱伦、州议会秘书长塞缪尔·巴斯蒂尔、州议员艾萨克·皮尔逊、约瑟夫·库柏和几个史密斯家族的人，还有测量局长艾萨克·德科。德科是一个精明伶俐的老人，年轻的时候干过给砖匠运送黏土的小工，成人后才学习写作，后来替测量员背测量链，从那里学会了测量。靠着自己的努力，已经置了一份可观的家业。他说："我肯定你能很快把凯默从印刷业里排挤出去，你可以在费城靠印刷业起家。"那个时候我打算开印刷所的意图他是毫不知情的。所有这些朋友日后都给了我很大帮助，有些时候我也能帮得上他们一点，感谢他们毕生一贯地关注我。

在讲述我正式开业之前，我要先告诉你当时我对道德伦理的看法，让你看出这些东西是怎样影响我未来的事业的。我的双亲早年就给我灌输了宗教方面的思想，虔诚的非国教教育贯穿了我的童年。但是当我在各种不同的书里发现对某些教条的争议时，我开始对教义产生了动摇。在我还不到 15 岁的时候，我开始对《启示录》本身有所怀疑了。

我偶然读到了一些反对自然宗教的书，据说是博伊尔牧师讲道的主要内容。然而它们对我的影响正好和初衷相左，因为书中为了驳斥自然神教，引证了自然宗教的理论，但是这些理论看起来却比驳斥者的理论坚强有力得多。简而言之，我不久就成了彻头彻尾的自然宗教者了，我的言论把一些人引入歧途，特别是科林斯和劳尔夫。但是后来这两个人都毫无良心地伤害了我，再加上宗教自由者基思对我的所作所为，我对佛农和里德小姐的行为，这些事时时让我不安，我开始觉得这种教义虽然也许是对的，但不是很有用。我在伦敦写的小册子（印行于1725年）引用了德莱顿的诗作为箴言：

> 凡存在，都合理，
>
> 然而半瞎的人，
>
> 只看得到链条的一端，最近的一环，
>
> 他的眼睛，却看不到，
>
> 权衡一切的秤杆。

这本册子里，我从上帝的德行、智慧、仁慈和权力中得出结论：世界上没有一件事不是对的，善与恶是毫无意义的区分，并无差别。现在看来，这篇文章并不像我过去认为得那样高妙，也许我的论断里不自知地混入了一些错误，甚至有可能影响随之来而的全部推论，这在哲学上倒也是常见的。

我慢慢地开始相信，在人与人的交往中，真实、诚恳、淳厚才是获得幸福的最重要因素。于是我定下决心，还把它一如既往地记在日记里，预备终身践行，也许就连《圣经》对我都没有决心书重要。不过我也想到：我们不能因为《圣经》禁止某些行动，就说明这些行动是坏的；同样的，也不能因为《圣经》让我们做，就认为是好的。其实，当我们真正经历过后自然会发现，禁止让我们做的真就是对我们有害的，而命令我做的很可能真是能带给我们好处。带着这个信念，带着上帝仁慈的祝福，再加上好运气，我顺利地渡过了危险的少年时期。这三样东西还保佑我在独在异乡、举目无亲的情况下，安全地渡过了危险冲动的青年时期，没有做出什么很不道德的事。而我缺少宗教信仰，这些错误原本是意料之中的，我当时年轻，既没有经验，又时常受人家的欺诈。因此，我犯下的那些过错有些是必然的。只是在开始进入社会的阶段，我还有着过得去的品德，我很珍视它们，并且决心保持它们。

我们回到费城不久，伦敦发货的机器也到了。我们和凯默办清了手续，在他知道我们准备开店之前离开了他。我们在市场街旁边碰到了一间正要出租的房子，租金每年24英镑，据我所知现在已经涨到70英镑了。为了减轻房租负担，我们还招了釉工托马斯·戈弗莱同住，来帮我们分担租金，我们还把伙食包给了他们。还来不及拆开铅字，装好印刷机，我的朋友乔治·豪斯就拉来了一个乡下客户。他们是在街上碰到的，那人正在寻找印刷所印东西。那个关头，我们所有的钱都花在不得不花的地方了，这个乡下人的5先令不但是我们的第一桶金，而且来得是这样及时，这雪中送炭的5先令比我后来挣得的任何一个5先令都更令人激动。我对豪斯的感激无以复加，这个经历也促使我在此之后很乐于帮助初涉人事的年轻人。

无论在哪里都有一些悲观主义者，常常预言国家即将毁灭。当时在费城就有这么一个人。塞绍尔·米克尔是当地很出名的一位老人，看上去睿智而有见解，说话态度严肃。我们本来素不相识。有一天，他跑到我的门口，问我是不是新开了一间印刷所的那个年轻人，我说是，他就开始说他很替我忧虑，因为印刷所是需要雄厚资金的，而且这笔钱还很容易亏损消耗。尽管新建的大厦和房租的上涨是些积极的信息，但他还是认为这些只是虚假的繁荣，费城只是一个没落的城市，许多人都已经处在破产边缘了，这个正是不久以后将造成我们资金链断裂的原因。他还详细地告诉了我许多当时已发生或是即将发生的灾祸。他离去后，我有点悒悒不乐。假如在我开店之前认识了他，可能我永远都不想开店了。而这个人继续住在没落的城市里，继续说着一切即将毁灭的话。一直到最后，我有幸看到他以高价买下一所房子，比他最初大唱悲歌时要高出五倍。

十二、讲读俱乐部

在前一年的秋天，我和几个朋友组织了讲读俱乐部，供大家互相学习，精进技艺。由我起草的会章规定大家轮流提出一两个关于道德、政治或者自然哲学的问题，大家在每个星期五晚上聚在一起加以讨论；每个人在三个月里要拿出或者诵读一篇自己的论文，题目任选。当然，我们的辩论一向是本着诚恳的探求真理的精神，杜绝求胜的态度。辩论由会长主持，为了防止激烈的情绪，一切独断自信或者针锋相对都算是违规，违者要罚一点点钱。

首批会员有约瑟夫·布赖恩特纳尔，他是一个公证事务所的契约誊写者，一个温存、友好的中年人。他是个诗歌爱好者，凡能到他手的诗从不放过。他能写一些过得去的诗，在许多小玩意上很精通，谈话颇有见地。

托马斯·戈弗莱，是一个自学成才的数学家，在数学上很有造诣，是现在被称作"哈德里象限"的发现者，但是在他的本行之外，他知之甚少。最大的隐患是他并不是个讨人喜欢的伙伴，就像我曾遇到过的伟大的数学家一样，他要求每一句话都绝对精确，常常是无休无止地争辩一件细小的事情，以致妨碍整个谈话的进行。不久，他就脱离了我们。

尼古拉斯·斯卡尔，是一个测量员，后来做了测量局长。他爱读书，也能写几行诗。

威廉·派尔逊，当过鞋匠，后来做了测量局长。喜欢读书，学了不少数学。他本来是为了学占星学才去学的数学，结果却嘲笑起了占星学。

威廉·毛格理治，是一个技艺精湛的工匠，同时也是一个稳重而有见识的人。

休·梅雷迪斯、斯蒂芬·颇茨和乔治·韦布，这些前边已经讲过了。

罗伯特·格雷斯，一个有钱的年轻绅士，慷慨、活泼、幽默、聪明，总之，很讨人喜欢。

还有威廉科尔曼，当时是一个商店店员，和我同年。他是我见过的头脑最冷静、思路最清晰、心地最善良、品行最端正的人了。他后来成了一个有威望的商人，并且是我们州里的一位法官。我们的友谊终生未断，前前后后40余载。

而这个俱乐部也差不多持续了同样久，它可能是我们州最好的哲学、政治学术团体。我们在讨论之前一个星期就把论题公布，这样我们就能围绕着题目用心地阅读，更多地发挥题旨，讨论时也能讲得更加中肯。我们也在这培养谈话时的良好习惯，拟好了所有可以防止冲突的章程，因此，我们的俱乐部得以长久存在，关于这个社团我还会在很多地方谈到。

在这提起俱乐部是让你知道它对我的"贡献"，会中的每个人都极力帮我拉拢生意。特别是布赖思特纳尔，他帮我们招揽了教友会印刷40张教会历史的生意，其余部分将由凯默承印。这宗单子让我们工作得非常艰辛，而且定价还很低。这本书是对开本，12镑字，而且还有很长的小号注释。我每天要排整整一大版，梅雷迪斯就把它印出来。我再把版面拆开，放回字盘排好，准备第二天用，这个时候已是夜间

11 点了。有的时候还要更晚，因为我们还有别的朋友拉来的零活。我决意要每天印一版 4 开纸，有一天晚上，我已经把活字版排好了，我满心欢喜地以为一天的工作马上结束了，结果有一版不小心碰乱了，两页的活字乱成一堆，需要重排，我马上拆开重弄，排好之后脑子里只有上床睡觉了。这样的勤劳是我们邻居有目共睹的，大家开始夸赞和信任我们了。特别是有人告诉我，商人们在晚间俱乐部里提及新开的印刷所的时候，原本都认为它必然要倒闭的，因为城里已经有了凯默和布雷福德两家印刷所了。只有贝尔德博士（我们曾经在他的故乡——苏格兰的圣安德鲁看见过他）不这么认为，他说："那个富兰克林的勤劳是我从未见过的，比他的所有同行都强。当我很晚从俱乐部回家的时候，我还能见到他在工作，而第二天在他的邻居起床之前他又已经开始工作了。"这番话使我给大家留下了一个很不错的印象，当时在座的一位文具商人就曾托我们代销文具，但是那个时候我们还没有做多种经营的打算。

我毫不谦逊地大谈自己的勤劳，看起来甚至有点自吹自擂的意思，只是因为我想让我的后裔读到这里的时候意识到这种美德给了我多么大的帮助，让大家知晓这一品质的可贵。

十三、成功办报，事业起步

乔治·韦布交了一个女朋友，我借给他一笔钱向凯默赎回自由。他想到我们的印刷所里做工，但那时我们没法雇他，为了表现我的愧疚之情，我很愚蠢地告诉了他一个秘密：我打算办个报纸，到时候我或许可以雇他。我甚至还向他透露布雷福德办的报纸是当时那里唯一的一份报纸，但是刊登的东西毫无价值，不但经营不善，而且办得枯燥无味，即便是这样他仍能赚钱，因此我想如果我来办一家报纸一定不会失败的。我很天真地要韦布不要告诉别人，但是他竟告诉了凯默。凯默立即着手筹备印行报纸，抢到了我们前面，还雇走了韦布。这样一来，我再办报就殊为不易了。为此，我大为光火，就用"好事者"的署名，写了几篇有趣的文章，登在布雷福德的报纸上，这样的文章又被勃伦脱纳尔继续写了几个月。公众的注意力被转移到布雷福德的报纸上来，而凯默要开办的报纸，经过我们的冷嘲热讽，遭到了人们的漠视。他仍然办了报，坚持了九个月，最多的时候有 90 个订户，最后只得廉价地把报纸盘给了我。我早就预料到了这样的结果，马上把它抓到手里。几年间，这家报纸成了我赚钱的支柱产业。

我在叙述的时候总是只提到自己，这是因为虽然我们是合伙经营，但是事实上全部的业务经营都归我负责。梅雷迪斯不懂排版，印刷也不行，而且难得有几天能不喝醉酒保持清醒。我的朋友们常常对我有这样的合伙人表示惋惜，只有我还在努力地把这个合作进行下去。

我们的新报纸和以前的任何一种报纸都迥然不同：不但字迹清晰，而且印刷精美。当时我针对伯内尔州长和马萨诸塞州议会之间的争辩写了一些言辞激烈的评论，这引起了大人物的关注，也让这份报纸和它的主办人成了大伙儿的谈资，不到几个星期许多人都成了我们的订户。然后又有更多的人跟着订，报纸的销量走势良好。这就是我学写作带来的好处，另外一个好处就是：那些大人物看到一个执笔的人掌管了一家报纸的时候，总觉得应该鼓励资助。这个时候，布雷福德还在印他的选举票、法典和别的公家的生意。他把州议会给州长的请愿书印得粗劣模糊，错误百出，我们把它重新排过，印得精美准确。我们给每个议员送上一份，高下立现。这件事让我们在议院里的朋友替我们讲话更有底气，最终议会决议把下一年度的印刷工作交给我们承印。

提到州议会里的朋友，不能忘了以前曾经讲过的汉密尔顿先生。这时他已经从英国回来了，他大力地支持我，还在别的事情上帮了我的大忙，他毕生对我关爱有加、爱护备至（我有一次向他的儿子借过500英镑）。

大概在此前后，佛农提醒我欠他的债款，但是并没有催逼。我给他写了一封言辞坦诚的答谢信，承认了我的过失，恳请他再宽限一些日子，他答应了我。等到我有能力偿还的时候，马上连本带息地把它付清了，并且深致谢意。过去的错误总算是在某种程度上弥补了。

就在报纸蒸蒸日上的时候，我们马上又遭遇了另一个困难，这事完全出乎我的意料。按照之前达成的谅解，梅雷迪斯先生的父亲应当支付我们印刷所设备的费用。他预付了100英镑，但是我们还欠商家100多英镑，商家有点急不可耐，到法院告了我们。我们交了保释金，但是麻烦远没有了结，假如我们不能如期偿还这笔钱，法庭不久就将宣判。到时候，他们要把印刷机和铅字变卖抵债，也许还是半价出售哩。我们原本初露曙光的事业一定会和我一起毁灭。

在这个不幸关头，两个真正的朋友雪中送炭。他们的好意，我从来不曾忘记，并将毕生永志不忘。他们是威廉·科尔曼和罗伯特·格雷斯，两人互不认识，到我那儿去也不是出自我的请求，而且都愿意垫付一切必需的款项，让我继续经营我的事业。但是他们不愿意我继续和梅雷迪斯合作，因为他们常看见梅雷迪斯当街醉酒，也看见他在酒馆里玩下流的赌博，他已经声名狼藉并且影响到了我的声誉。我告诉他们，梅雷迪斯父子过去帮了我的大忙，他的父亲也是力有未逮才没有支付全部设备费用，我对他们的恩惠亏欠很大。如果梅雷迪斯能够履行合约中的职责，我就不忍提出散伙；但是他们如果不能履行他们的义务，我们的合作必须解除的时候，我会去接受他们的资助的。

事情就这样拖了一阵子，我才对梅雷迪斯说："如果你父亲是因为不喜欢你我合伙，才不情愿替我们垫付款项的话，你一定要告诉我，也许我退出合伙，他会替你出钱。""不"，他说，"我父亲对我失望透顶了，而且他是真的束手无策，我不愿意再去逼他。我知道我不能胜任印刷工作。我从小务农，30岁的时候进城来做学徒，学一个新的行当，实在是一件荒谬的事。我们威尔士人有许多都跑到北卡罗来纳去闯荡，那里土地很便宜，我想跟他们一块去干我的老本行。你尽可以找朋友来帮助，只要你愿意承担印刷的债务，把我父亲预付过的100英镑还我，替我还清个人的一些小欠款，再给我30英镑和一个新的马鞍，我就放弃我的股权，一切东西归你所有。"我认可了他的提议，马上写了一份协议，签字盖章。我给了他要求的东西，不久他就到北卡罗来纳去了。第二年他从那里寄了两封长信给我，信里描述了那里的气候、土壤、农业状况，他对这些事情是很在行的，并对这一切都很满意。我把那信在报上发表了，读者也很满意。

他离开之后，大概是1729年或者那年前后，我就去求助我的两位朋友。我不愿意在两人之间有所偏爱，每人各取一半，拿来还清了合伙时的债务，登报声明合伙已经撤销，开始以自己的名义经营业务。

也是在这一时期，民众要求更多的纸币，当时的宾夕法尼亚全州流通的纸币也只有15000镑，而那些纸币不久就在市面上销声匿迹了。富裕的阶层反对加增纸币，他们武断地反对一切纸币，他们害怕会像新英格兰一样出现纸币贬值。我们曾在我们的讲读会里探讨过这个问题，当时我是赞成增发纸币的，我确信1723年初次发行的少量纸币是明智之举，它促进了商业发展、增加了就业机会，人口也因之有所增加。这个时候所有的老房子都住满了人，许多新房子也在建造之中。而在我当年吃着面包卷第一次走在费城街上的时候，胡桃街从第二街到前街这一段上的大多数房屋都在门上贴着招租的条子，在栗子街和别的街道上的许多房屋也差不多是这样的情况，以至于我曾猜想城里的居民将会一个个离开这个萧条的城市。

讲读社对这个问题辩论得越来越深入，内容也越积越多，甚至由我撰写并发表了一本不署名的小册子，名叫《纸币的性质与需要》。这个小册子颇受普通民众的欢迎，当然富人不会喜欢它，因为它助推了加印纸币的呼声。可惜富人这边没有作家能够回应这本小册子，他们的反对没那么强势，最终议会以大多数票通过了增发纸币的议案。我在州议会中的朋友想起我的微劳，力主由我承印纸币作为酬谢。这是一宗利润丰厚的生意，对我大有帮助。这大概是写文章带给我第三个好处了。

纸币的作用经过时间的考验，已经变得不再需要争辩。没过多久，纸币的发行额就达到了 5.5 万镑，在 1739 年达到了 8 万镑，后来在战争期间曾增发到 35 万镑。虽然商业、建筑、人口都有增加，但是我想纸币的发行额还是应该有一个限度，过了这个限度，结果恐怕就不那么好了。

以后我通过朋友汉密尔顿的介绍，承揽了纽卡斯尔的纸币生意。对于小本经营的人来说，小事情也显得很重大，照我当时的看法，这宗生意对我意义重大，因为它们有大利可图。汉密尔顿也替我招揽了纽卡斯尔政府的法典和选举票的生意，这些业务在我脱离印刷业之前一直攥在我手中。

现在我也加开了一间小小的文具店，兼卖各式各样的发票。我们卖出的单据发票是市面上最规范的。能做到这一点，要感谢我的朋友勃伦脱纳尔的帮助。我也卖纸张、羊皮纸、账簿等等。一个我在伦敦认识的名叫怀特马什的排字工人到我这里来了，他是一个很出色的工人，勤勉而有恒心。我也收了一个学徒，是阿奎拉·罗斯的儿子。

我开始逐步地偿还创办印刷所时欠下的债款。为了巩固信用和声望，我不但注意保持自己克勤克俭，而且也注意不趾高气扬。我衣着朴素，从来不在闲散无聊的娱乐场所出现，从不钓鱼和打猎，有的时候也许会因为一本书而耽误了工作，但那真的是少之又少，而且是隐蔽的，不至于被大家说闲话。为了显示我并不是那种清高得以从事印刷业为耻的人，有时会刻意地把店里购置的纸张装在手推小车上，穿过街道，推回家里。就这样，在大家眼中，我是一个勤奋上进的好青年，严守信用，从不拖欠。那些进口文具商们争着求我惠顾，别的书商也主动把书籍放在我这里由我代销。总之，我的事业一帆风顺，与此同时，凯默的信誉和业务却一天比一天衰落，不得不出卖他的印刷设备以偿还债务，最后他到巴巴多斯群岛上去了，在很局促的环境中生活了几年。

他的学徒戴维·哈里收购了凯默的设备，顶替了他的地位重开了一间印刷所。当我在凯默的店里工作的时候，我曾经指导过他，我起初以为哈里是一个劲敌，因为他的朋友是很有能力的，并且很有信誉。于是我提议合伙经营，他轻蔑地拒绝了我。也幸亏了他的傲慢，因为不久之后我发现他很骄纵，穿得像个绅士，生活奢侈，常在外面寻欢作乐，以致债务缠身，荒废了业务。在这样的情形之下，他没有生意可做，走了凯默的老路，躲到巴巴多斯去了，并且把印刷所也迁了过去。在那里，学徒雇佣了过去的老板，可以想见他们时常发生口舌之争。哈里债台高筑，最后不得不被逼得卖掉了印刷机，回宾夕法尼亚务农去了。购买印刷机的人雇用了凯默，但是不几年凯默就去世了。

现在除了布雷福德的老店以外，在费城再也没有和我竞争的人了。布雷福德资金充足，生活优裕，偶尔会雇些零工做少量的印刷工作，但是他一点也不担忧生意的寡淡。因为他管理邮局，大家都以为他应该比别人优先获得新闻，所以也都认为他的报纸广告效力比我们的大，因此他的广告比我的多得多。虽然我也是从邮局派送报纸，但是外界并不清楚，我派送报纸是贿赂邮差，由邮差暗中操作。而布雷福德甚至恶意地禁止邮差这样做。这些都对他很有利，而我则很被动，这让我很愤慨。我认为他的做法很卑鄙，所以后来当我坐到他的位子的时候，我决心绝不效仿他的行为。

十四、终成眷属

我至今都一直寄食于高弗莱家里，我店面的一边是他开的玻璃店，他总是醉心于数学研究，不太工作。高弗莱太太想把她的亲戚的女儿介绍给我，经常给我们创造见面的机会，天长日久，我真的对她产生了爱慕之情，这位少女确实也值得爱。她的家长不断邀请我去吃饭并且把我们两个单独留在一起相处，一直到谈婚论嫁的地步。高弗莱太太从中大力撮合，我就告诉她我希望他们能给我一笔嫁妆，让我得以偿还印刷所尚未付清的债务，这笔钱都不超过100镑。她传话说他们给不起这么多的嫁妆。我说他们可以把他们的房屋抵押出去。过了几天，他们开始不赞成这桩婚事了，他们询问了布雷福德，他告诉他们开印刷所并不是一个赚钱的行当，铅字很快就会用坏，因此常要添新换旧；凯默和哈里相继失败了，也许不久我也会步他们的后尘。就这样他们不允许我再到他们家里去，同时，他们的女儿也被禁闭起来了。

我很生气，因为我有点怀疑究竟是他们改变了主意，还是只是一种诡计，他们大概以为我们的感情已经牢不可破，以为我和少女已经深陷爱河难以自拔，这样我们就会私奔，而他们也就不需要再付出嫁妆了。我猜想这就是他们的动机，于是赌气真的不再去了。高弗莱太太后来告诉我她们的态度有了好转，我们可以继续来往，但是我断然表示了决心，要与她们家断绝关系。这句话让高弗莱全家都很生气，我们之间从此有了裂痕，后来高弗莱迁居了，整所房子都归我住，我也决定不再和别人合租了。

但是这件事让我开始考虑结婚了。我开始在身边寻找好姑娘，在其他地方也设法结交女性，没多久我就发现一般人都认为印刷业不是个赚钱的行业，娶一个带钱来的妻子是没什么希望了，即使真有这么一个，也难以合我的心意。那个时期，那种不可抑制的青年人的情欲常常驱使我与偶然相遇的下等女人发生关系，这种事不但花钱，而且麻烦，此外我最怕会染上疾病，虽然我很幸运地没有染上。

在这期间，一种友谊的来往仍然在我和里德小姐的家之间持续着。我们曾是邻居，又是老朋友，从我寄住在他们家的第一天起，他们就很尊敬我。我常被请去，有时他们也来我这儿商量些事情。里德小姐总是没精打采，很少能见到快乐的时候，而且不愿意跟人来往。我很怜爱她，特别是想到自己在伦敦的轻浮与变心可能是她痛苦的最大缘由，常常深感愧疚。里德小姐的母亲反倒以为这个过失应该归咎于她，因为她曾阻止我们在我去伦敦之前结婚，还趁我不在的时候劝女儿和别人结婚。就这样，我们的感情又恢复了，但是要谈及婚嫁却又有许多困难。她第一次结婚是无效的，因为据说男方的前妻住在英国，但是距离太远，一时也不容易证实。其次，虽然有他死亡的消息，却不能确定，即使是真的死了，他还剩下许多债，这些债肯定要归到他的继承人身上。但是，最终我们还是不顾一切地结婚了，婚礼在 1730 年 11 月 1日，我们担心的那些麻烦都没有发生。她是一个善良、忠实的伴侣，照管店务出了很大的力，我们患难与共，有福同享，长久以来一直相互扶持，我总算是尽力补救了过去犯下的大错。

大概在这段时间，我们的俱乐部不再在酒馆里开会了，而是搬到格雷斯先生的一间小房间里。这是我的建议，我们在讨论论文的时候常常要引用我们的书籍，把书籍搬到我们开会的地方就可以随时拿来参考，方便多了。于是，我们把各自的书合并成一个公共藏书室。每个人都可以利用其他会员的书，这样就相当于每个人都拥有了全部的书籍。大家都喜欢这个提议，我们把能拿出的书放在房间的一边，数量没有我想像中的那么理想。而且虽然放在一起有很大的便利，但是没有人对这些书籍加以保管，也产生了不少麻烦，大约在一年以后，这些书又拆散开拿回各自的家了。

经历过这个实验性质的事情之后，我着手开始我的第一个公共性质的计划——建立一个订阅图书馆。我拟定了建议书，请我们的大律师布洛克登把它的格式调好，靠着讲读会朋友们的帮助，我们一开始就有了50个订户，每人开办时出40先令，以后的50年里每年出10先令，50年是我们的图书馆预期的存在年限。没想到后来随着订阅人数的增加，我们获得了特许，还把这个年限增加到了100年。这就是北美订阅图书馆的鼻祖，现在这样的图书馆已经非常普遍了。这些图书馆带来了一种可能，普通工人和农民的知识也能像绅士一样丰富，也许这在某种程度上对殖民地民众起来斗争保卫自己的权利的运动有所贡献。

第二章　正传续篇

续写于 1784 年巴黎附近的帕西，作者曾回忆到"隔了好多年遵从下面的几封信里的劝告而写的，原是为了公众而作，但是独立革命的爆发使得回忆录中断了。"

一、两封来信

艾贝尔·詹姆斯先生的来信，内附有我的生活记录，此信是在巴黎接到的。

我敬爱的朋友：

我常想写信给您，但是唯恐我的信件会落入英国人的手中，假如居心不良的印刷商或者好事之徒把信件的部分内容发布出去，会给您带来痛苦，而我自己也要受到谴责。

不久以前，我获得了您的手稿约23张，均是写给令郎的，其中包括叙述您的出身和生平的，一直到1730年为止。还有一些注释，也是您的亲笔。我誊写了一份，随函奉上。如果您继续写下去的话，就可以把前后两部分合并在一起；如果您迄今还没有继续动笔的话，我希望您不要再耽搁了。正如牧师说的"生命无常"，万一诚恳厚道又亲切仁爱的本杰明·富兰克林与世长辞，世间岂不失去了一部精彩的著作？失去了一部对千百万人来讲既有益处又饶有趣味的作品？这类传记对青少年思想上的影响是巨大的，它往往是不知不觉地引导青年努力成为一个像作者一样善良、优秀的人。如果您的传记出版了，就会引导青年们模仿您的勤恳和节俭，对于他们来说，这是何等的幸事！我实在是找不到有哪一个人，甚至是几个人联合起来能够像您这样有号召力，能比您更适合促进青年勤勉刻苦的精神。我并不是说这本自传没有其他的优点和价值了，但是这个作用已经足够有益于社会了，想不出还有什么意义可以与它相提并论。

艾贝尔·詹姆斯

我把上面这封信和附件交给一个朋友看了以后，我收到了下面这封回信：

　　亲爱的朋友：

　　我读完了你朋友交还给你的记录生平大事的笔记。我曾经说过要给你写一封信，阐述我的理由，告诉你为什么我认为按你朋友的希望把自传写完并发表出来会是一桩有益的事。过去一段时间，事务缠身，没时间写信，而且我也不知道它能不能起到作用。现在我碰巧有一段空闲，就写了这封信，最起码为了不让自己遗憾，并在通信中获得教益。我担心所用的措辞或许会触犯你，那我只好这么做，我当做我在面对另外一个和你一样善良和伟大的人。我会对他说："先生，我衷心地希望你出版自己的生平经历。"理由如下：

　　你的一生是如此的出类拔萃，如果你自己不写，别人也一定会把它写出来。与其别人来写（说不定带来危害），不如你自己来主持，一定能写得完善。它还能够介绍国内形势，一定会吸引善良勇敢的移民前来。你的声名远播海外，许多人是如此渴望知道你的生活，我还真不知道还有什么会比你的自传更有效地宣传你的国家了。

　　你的毕生经历，与一个蒸蒸日上的民族的习俗和生活环境是分不开的。从这个角度看来，我认为你的自传，对于一个研究风土人情和社会真实的学者来说，一点也不亚于恺撒和塔西陀的著作。

　　但是，这些还都是微不足道的理由。更重要的是你的人生经历对陶冶未来伟人的作用，还有你打算发表的"道德的艺术"对陶冶个人品性的作用，这些可是有助于读者社会和家庭两方面幸福的。

　　学校或者其他的教育制度常常按照错误的原则进行教学，就像是用一根笨拙的猎枪瞄准一个虚妄的目标，而你却是自学成才的典范，你的方法简单，目标明确。在家长和青年人为不能安排一个合理的人生而彷徨失措的时候，你却让大家发现许多主要的东西是人力可及的。

这是不可估量的！

对一个人品德上的影响，如果是发生在晚年的话，不但来之太晚，而且效力太弱。人的一生是从青年正式开始的。在青年时期，我们形成了自己的习惯和好恶；在青年时期，我们选择了自己的工作、职业和配偶；青年时期，不但决定了一个人人所共知和人所不知的品格，甚至连对下一代的教育态度都决定了。人的一生其实就是从青年到晚年这个时期，青年是人生的转折点。

你的自传不仅仅教人自学，而且教人如何成为一个有智慧的人。就算读者是一个最有智慧人，在他看到另一个智者一举一动的详细叙述之后，也一定能得到启发和促进。当人们一生在黑暗中盲目前行，没有一个指路人的时候，为什么不能给予他们一些帮助呢？

因此，先生，现在就来引导有智慧的人成为像你一样的人，也帮助其他人成为明智的人吧。我们看到政治家和军人对人类是怎样残忍，也看到名人大家对待自己的朋友是怎样的逆情悖理。这个时候多多观察品格高尚、善于治家的人，多多感受平和谦恭、生活恬淡、和蔼可亲的作风才是对人有益的。

你讲述一些生活琐事，也能大有用处，因为我们最需要的是有关日常生活处世接物的准则，你讲讲自己怎么处理这些事务才会使人从中受益。这样的话，这本书将成为一本生活指南，指导人们注意那些本该早就有人教导过的问题，使他们有可能成为远虑明智的人。

与亲身经历最相近的是阅读别人的经历，你趣味隽永的笔调肯定能引人入胜。从中我们就能学到简单重要的方法来帮助自己处理个人事务。而且我深信你处理事务肯定有独到之处，而你在叙述这些事情的时候是别出心裁的，正像你在主持政治哲学讨论时做过的一样。这也是一个很有意思的挑战，还有什么东西比人生更值得规律化呢？

有些人不通事理，有些人异想天开，还有些人别有用心，邪恶不纯，但是，我可以断言，你写出来的东西没有这些，肯定是智慧、实用、善良的。在我看过的部分自传里，你并不以出身微贱为耻，这一点尤其显得可贵，而且你已经证明了快乐、美德、伟大与高贵的出身是没有关系的。还有就是我们发现你也制订了一个使你成功的计划，努力遵行，收到成效。在这个计划里，成功的最基本保证是那么的简单明了：天性、德行、思考和习惯。

每个人都应该等待时机在社会舞台上显露头角。我们的感觉往往凝结于现今，却常常忘掉了还有更多的时间紧随其后，而且迫不及待，因此一个人应该给一生做好打算。你的成功就是一辈子努力的结果，你使得你的生命充满着知足和快乐，而不是让它因为愚蠢的暴躁或者懊丧而饱受折磨。对于那些效仿伟人来增进自己修养的人来说，效仿并不困难，因为伟大的品格常起源于忍耐。

你的教友会朋友称赞你的仁慈、勤劳和节俭，他把你作为青年的典范，但是他单单忘掉了你的谦逊和大公无私。没有这两点你永远不可能发迹，这也证明了不追逐名利和节制心理的重要。

假如你的这位朋友也能像我这样地了解你，他肯定会说：你以前写的论文和你提出的议案会引人注意你的自传和《道德的艺术》，反过来，你的自传和《道德的艺术》又会引起对你的论文和议案的关注。这就是一个多才多艺的人的优点，这样的多重身份更能充分地利用各种资源。你的自传也会因此更有用，那些想知道如何改进自己的思想和品德的人正适合看你的作品。

最后还有一个想法，就是请把你的一生写成一篇传记。自传这个写法现在好像有点不时髦了，但是它非常有用处，特别是你做传主的时候，因为它可以用来与那些竟然在社会上混出名堂的暴徒和阴谋家的虚妄文字相比较，也可以用来与那些修道士逆情悖理的传记或者无聊文人自以为是的作品相比较。如果你的自传能够鼓励他们写出更像样点的作品，或者净化他们的灵魂，使他们处世为人能见得光亮，那么它比普鲁塔克的全部传记合在一起还要有价值。

我们已经厌倦了读完一个人的传记，结果发现他的品格经历极其特别，他的人生无法模仿，我们对他的歌颂也因此显得软弱无力。

考虑到你的高龄、你谨慎的性格和思考事物的独特角度，除了你自己以外没有任何一个人能够充分了解你的一生和思想动机。在结束这封信之前，亲爱的富兰克林先生，我向你作一个私人的恳求：我由衷地期望把你高尚的品格贡献给世界，让世人了解你的真实个性，而不是让政治上的舆论掩盖诋毁你的庐山真面目。

当今时代的伟大革命必然把民众的注意力移向你这样的人，因为革命是号称为了某些道德原则。这些原则如何真正地影响革命尤为重要，而你自己的品德是最值得精细研究，并必将流芳百世的。

为了增进人类的幸福，我一直在说人类即使到现在也不算是一种品行低劣、邪恶生厌的生物，而且正确地对待人生还可以改过从善，大大地改变本性。我很想让大家也相信这一点，希望在人类中间出现越来越多的良好品格。假如我们所有的人都毫无例外地不可救药，那么善良的人将会放弃向善的努力，或许会变得只想在人世间你抢我夺的纷争中分一杯羹，至少也是变成只考虑自己生活舒适的自私鬼。

动手吧，我亲爱的先生，赶快动手吧。表现你的善良，表现你的节俭，最紧要的是表现你自己是一个热爱正义、自由和谐的人，这种操守自然而然地贯穿在你最近17年的行事之中。让英国人不仅敬重你，而且热爱你。当英国人尊敬美国的国民时，他们也就会渐渐地尊敬美国了；当美国人看到自己受到英国人的尊敬时，他们就会渐渐地尊敬英国了。甚至可以把眼光放得更远些，不仅仅局限于说英语的国家，当你解决了关于人性和政治的棘手问题之后，其实已经改良了整个人类。

我看到的自传的一部分没有任何问题，虽然没有看到全文，让我写的信看起来多少有点武断，但我还是确信我提及的《道德的艺术》和你的自传必能满足我的期望。如果你能采纳上述的一些意见，你的贡献意义也许会更大。退一步讲，即使这些作品不能满足你的热诚的赞颂者的希冀，至少你也写了两部有趣的作品。一个人能够带给人们愉快的感觉，这就已然可以算做是增进了人类的幸福了，因为人生里本来就有着过多的焦虑和痛苦。我希望你能倾听我在这封信里对你的祈求，等待你的同意。

本杰明·沃恩

巴黎 1783 年 1 月 31 日

接到上面两封信已经很久了，但是一直没空满足朋友们的要求。如果我在家里，手边有以前的札记也还可以帮助我回忆，帮助我确定日期，那样的话，写起来就能便捷许多。但是我的归期未定，刚好目前又稍稍有点空闲，我就努力回忆，把能想到的写出来。假如我还能生还故乡，那时再作更正和修改。

手边没有上半部的稿子，我记不太清是不是已经写到集资创办费城公共图书馆。这个图书馆在当时还只是很小的规模，现在已经颇为可观了。我记得已经写到这一时期（1730 年）了，接下来我将从办图书馆讲起，如果以后发现已经讲过了，那么把它删掉好了。

二、公共图书馆

当我在宾夕法尼亚开业时，在波士顿以南的任何一个州都没有像样点的书店。在纽约和费城，印刷所实际上承担了文具店的所有职能，但是它们只卖纸张、日历、民歌和一些普通的课本。谁想读书，就得向英国订购寄回来。俱乐部的会员每人手里都有一点书籍，那个时候我们已经离开了起初聚会的啤酒店，租了一个房间做会所。我建议大家把各自的书搬到那个房间去，这样不但讨论时可以随时拿来参考，而且可以成为一个公共的财富，每个人都可以自由地把书借回家里读。于是，我们就这样做了，当时还感到非常满意。

看到这个小小的藏书间的种种优点，我主张把它推广给大众，创办一所公共的订阅图书馆。我起草了一份计划，拟定了一些必要的规程。还邀请业务熟稔的律师查尔斯·布洛克登先生改写成了规范的订阅合同条款，按照合同每个订阅人要为第一批存书付一笔费用，以后每年还要付一定数目的会费来资助图书馆添置新书。当时费城的读者寥若晨星，这样的人又大多很穷，东奔西走也只拉到不过50人，多半是年轻的工人，每人先付40先令，以后每人每年付10先令。我们就靠这微薄的资金办起了图书馆。一开始，书籍运到之后，图书馆每周只开放一天，面向订阅人办理借阅手续，要求他们签上凭证，假如逾期不还要照价双倍赔偿。这样的小图书馆很快就显现了它的优势，其他州开始争相仿效，捐赠规模日渐扩大，读书慢慢成了一种风尚。我们的民众没有什么别的大众娱乐能够转移他们对书籍的兴趣。过了没几年，外国人就会看到我们的民众比别国的民众所受教育要好，知识能力要高。

我们签署的借书条款为期50年，对本人和后代都有拘束力。我们公正的律师布洛克登先生对我们说："你们都是年轻人，但你们当中不大可能有人能活到合同期满的那一天。"实际上，我们中间有几个人迄今还活着，但是那合同没过几年就被一张特许状取消了。图书馆并归政府，成了永久性的公共设施。

我在争取会员时经历了很多反对和勉强的应答，这些情形让我察觉只凭借个人名义去完成任何一个计划都不合适。因为当一个人需要别人的赞助去完成一个计划时，他的声誉要压过别人才行，但是这样也许会有人疑心发起者是想借机提高自己的声誉。所以我尽可能把自己摆到不被注意的位置，表明这是许多朋友的共同计划，而我是受了他们的委托来访问爱读书的人并邀请他们参加的。这样一来，我的事情就顺利得多了。从那以后在类似的情况下我总是这样做，这个方法总是很管用，我衷心地推荐给大家。用这个方法只是牺牲了一点小小的虚荣，但是可以得到巨大的回报。如果有时不能确定功劳归谁，就会有些图慕虚荣的人站出来把功劳据为己有，那个时候连忌妒也会主持公道，拔掉那些僭越冒充的羽毛，把功绩交还给真正的所有者。

这个图书馆给了我一个不断钻研提高的机会，我每天花一二个小时来读书，这在某种程度上弥补了我没受过高等教育的缺陷，而接受高等教育是我父亲的期望。我把读书定为我唯一的爱好，我从不把时间浪费在酒馆、赌场或是任何其他娱乐场所，绝不消磨时光，而对于事业我仍是勤劳依旧，辛辛苦苦，不厌不倦。当时印刷所背负的债还没有还清，年幼的孩子慢慢地也到了接受教育的年龄，我还要跟两家在我之前就已经在这里开张的印刷所竞争。不管怎样，我的境遇算是开始好转了，当然我原先节俭朴素的习惯并没有丢，童年时父亲常常提到所罗门的一句格言："凡一生勤劳的人，他将要站在帝王之前，而不站在普通人面前。"因此，我一直相信勤勉才是致富和成名的唯一方法。虽然我从没想过我会真正地站在君王面前，但这个信仰还是鼓励了我，一直到后来预言成了真，我甚至一共见过五位国王，而且还曾获得过与丹麦国王同坐吃饭的荣光。

有一句英国谚语说："人要发达，必得请教他的妻子。"侥幸的是，我正好拥有一位愿意像我一样克勤克俭的妻子。她愉快地在业务上扶助我，折叠和装订我的那些小册子，照料店铺，收集破布卖给造纸商人等等。我们可不雇佣懒惰的仆人，我们的伙食简单平常，我们的家具简单实用。比如，很长一段时期里，我们的早餐都只有面包和牛奶（没有茶），用的是一只两便士的陶制粥碗和一只锡制的汤匙。但是无论如何抵制，奢侈总会侵入家庭并且慢慢滋长：有一天早晨，妻子叫我吃早餐，结果我发现盛早餐的是一只瓷碗和一只银汤匙。她瞒着我买下了这些东西,一共花了 23 先令的巨款。做了这样一件事,她并没有找托词来辩护,仅仅说她认为自己的丈夫应该像任何一位邻居一样享受一只银调羹和一只瓷碗。这是银器瓷器第一次出现在我们家里,多年以后,家境慢慢变好了,家里的杯盘碗碟,金银器皿也渐渐地增添到价值几百英镑了。

三、道德修行

我曾受长老会教徒的宗教教育,虽然在我看来有些教义莫名其妙,有一些的真实性又值得怀疑,比如上帝的永恒判决、上帝的选拔、上帝的定罪等等。尽管我很早就开始不参加礼拜了,而是把礼拜天的时间用来读书,但我仍然保持着一些宗教信仰。比方说,我从不曾怀疑上帝的存在;上帝创造了世界并以他的神意管理世界;最蒙上帝垂青的贡献是与人为善;我们的灵魂不灭;一切罪恶都将受到惩罚而道德必受赏赐,这些报应不在今生也会在来世。这些应该是任何宗教的要素,在各个教派里都可以找到这些要素,所以虽然尊重的程度有所不同,但我尊重一切教派。当然,我还发现每种教派都不那么纯洁,多多少少混合了一些其他的东西,这些东西并不能鼓励、促进和巩固道德。它们更多的只是分裂我们,让我们互相敌视。

当然,就算是最坏的教派也会有一些好的效果,尊重一切教派的态度让我从不发表任何动摇别人信仰的言论。随着州里居民的增多,开始不断地需要新的教堂,这些教堂一般是以自愿捐献的方式集资的。不管是什么教派,我都愿意贡献出自己的区区一分薄力。

虽然我很少参加公共礼拜,但我并不是认为做礼拜有什么不合适,我定期地缴付年捐供给费城仅有的长老会和长老会牧师。这位牧师有时以朋友的身份来看我，劝我去听他的布道。他总这么说，以至于我有时候会被拖去捧场，有一次连续去了五个礼拜天。假如他是一个好牧师的话，也许我还会继续下去，尽管我需要礼拜天的空闲时间来读书。但是他的讲道不是神学上的争论，就是阐述长老会的奇怪教条，这些对我来讲全是枯燥无味的，毫无启发的，因为这样的布道看起来不像是在宣扬道德伦理，它的目的只是为了要我们做长老会的教友，而不是去做个好公民。

后来，他以《圣经》中的《腓力比书》第四章的一节作为布道题目：

最后，弟兄们，凡是真实的、可敬的、公正的、纯洁的、可爱的、有美名的、若是有什么德行、若是有什么赞誉，这些事你们都要思考。

我想用这样一段经文做主题总不会讲不到一些道德了吧，结果他把《圣经》的意旨归结成五点：一、虔守安息日；二、勤读《圣经》；三、按时做礼拜；四、熟悉圣典；五、尊敬牧师。这些当然不错，但并不是我在这次布道中期望的好东西，而且我猜我更没有从其他题目中遇到这些好东西的希望了，从此我便不再去参加礼拜了。几年以前（1728年）我曾经编过一本小小的祈祷书，准备我私人用的，叫作《宗教的信仰和条例》。后来，我一直使用这本祈祷书，不再到教堂做礼拜了，我这么做也许是不对的，但是我并不求人谅解，我写这篇传记的目的是叙述事实，而不是向人们辩解。

大约在这时，我想出了一个达到完美品德的勇敢而艰辛的计划。我期望一生当中的任何时候都能够不犯任何错误，我想克服所有的缺点，不管它们是因为天生的爱好、后天的习惯、还是由交友不慎引发的。我知道，或者说我以为我知道，何者为善，何者为恶，我认为我或许可以做到只做好事不做坏事，但不久我就发现这个工作可比我预想的困难得多。每当我聚精会神地力图克服某个缺点的时候，总会有另外一个缺点出乎意料地冒出来。习惯总能找到一时的疏忽，理智有时候又不是癖好的对手。我终于还是得出了一个结论：仅仅一个空洞的信念，仅仅认为完美的品德对我们有利，还不足以杜绝我们的过失。坏习惯必须破除，好习惯必须培养，然后我们才有希望做出坚定不移、始终如一的完美举止。为了达到这个目标，我想出了下面这个方法。

我曾许多次在书里读到道德包含的种种品质，这类目录多少有点分歧，因为不同的作者对同一个词的释义都可能多少有些不同。比如"节制"，有人把它限定于饮食，有人把它的适用范围扩大到各种别的娱乐、欲望、嗜好、肉体或者精神的情欲，甚至延伸到贪婪和野心。为了简单明了，我倒宁可多设几个条目，每一个名目只包含很少的一点意义。我一共列出了十三种德行，囊括了当时我认为必需或者应该的全部德行，我在每一条后面附加了短短的定义，充分地说明我认为该词涵义应有的范围。

这些道德名目和各自的定义如下：

一、节制。食不过饱，饮不过量。

二、沉默。言必于人于己有益；禁止无益的闲谈。

三、秩序。一切东西都有自己的位置；日常事务何时起、何时完，当有它们的安排。

四、决心。当做必做；决心要做的事坚持不懈。

五、俭朴。用钱必于人于己有益，戒除浪费。

六、勤劳。勿浪费时间；每时每刻做有用的事，戒除不必要的行动。

七、诚恳。不欺骗人；勿思邪恶，唯念正义，说话也应如此。

八、正直。不做有害他人的事，也不要忘记履行对人有益的应尽义务。

九、中庸。避免极端；若受到应得的处罚，要容忍，勿发怒。

十、清洁。身体、衣服、住所力求清洁。

十一、宁静。勿因琐事或无法避免的普通小事而惊慌失措。

十二、贞洁。除为了健康或者生育后代，不行房事；万不可房事过度伤害身体，不要损害自己或者他人的安宁或者名誉。

十三、谦逊。仿效耶稣和苏格拉底。

　　我的目标是养成全部的这些美德，但是我认为最好还是不要一下子全面实行，以免分散了注意力。最恰当的方案是在一个时期内集中精力培养其中一条，达到了一条以后，再开始注意另外一个。我认为先培养的一些美德肯定可以使另外的美德更容易获得，如此坚持下去，直到把十三条全部做到。于是我着手把这些美德按刚才给定的次序排列起来。我把节制放在第一，它可以让我头脑冷静，思维清晰。在抵抗旧习惯的不断吸引，警惕无穷无尽的各种诱惑时，这种冷静的头脑和清晰的思想是必需的。在获得和养成了这一美德以后，沉默就容易得多了。在塑造美德的同时我还想增进知识，我认为在谈话时与其多用嘴还不如多用耳朵更有收益，因此我想矫正我当时正在形成的爱喋喋不休、爱说俏皮话、爱戏谑的习惯，这些习惯只会使我与轻浮的人交往，所以我把沉默排在了第二位。如果我获得了这两条以及第三条生活秩序的美德，我就会有更多的时间执行我的计划和研习，这就需要决心来帮助我。而我一旦获得了决心，就更能坚决地努力达成其余的美德了。俭朴和勤勉可以把我从债务中解放出来，会助我致富和独立，也会使诚恳和公正的实践更加容易。最后，我又想起了毕达哥拉斯的《黄金诗》，日常考查是必需的，因此我想出下面的方法来考查。

四、践行道德计划

　　我做了一本小册子，里面每一种德行占一页。每一页用红墨水画成七列，一星期的每一天占一列，在上方标明各自代表星期几。再用红线把直列划成十三个横格，在每一条横格的头上注明所代表美德的首字母。在纵横线形成的格子里，用小黑点记下这一天的过失。

　　我决定每星期都对德行中的一条特别注意，如此轮流替换。在第一个星期，我会密切注意关于节制的任何极细微的过失。其他的美德，只是每晚记下有关的过失。假如在第一个星期里，我能保持代表节制的一行里没有黑点，我就认为这个美德已经大为巩固了。然后，我才敢把我的注意力扩大到第二条，力争在下一星期内保持两行都没有黑点。如此下去直到最后一条，在十三个星期里完毕一个完整的过程，每年可以循环四次。这就好像一个人要给一个园子拔草，不可能指望一次就把莠草除光，这样做超出了他的能力，但是他可以先只在一个花坛里工作，等拔完了第一个以后，再动手处理第二个。我也希望自己像花匠一样，在消灭黑点中得到快乐，鼓舞我一直在品德上进步。经过几个循环之后，在十三个星期的逐日检查过后，我将愉快地看到一本干净的册子了。

　　我引用了几行爱迪生的《卡托》作为题句：

　　我坚信如果有一个权威凌驾于我们之上，
　　他必喜爱美德，
　　他所喜爱的人必快乐。

还有西塞罗的格言：

哲理就是生命的指南啊，

遵从美德吧，

按着神的指引，

终会趋吉避凶。

另外又从所罗门的格言中引来一句关于智慧和道德的：

她右手握着无穷无尽的长寿，

左手拿着无边无际的财富。

她的道是安乐，

她的路是和平。

相信上帝是智慧的源泉，所以在寻求智慧时我们应该祈求上帝的协助。为了这个目的，我撰写了下面的简短的祷告文，放在我的自检表前面，醒示自己：

啊！全能的至善！宽仁的天父！慈爱的引领者！增添我的智慧吧，使我能够看清自己；加强我的意志吧，使我能够执行智慧的命令。接受我对您其他子民的衷心服务，以此作为我对上帝不断福佑的唯一报答。

有时我也引用汤姆森的诗作为祈祷文：

光明与生命之父，至高之神，

啊！教我什么是善，教我认识至善吧，

救赎我吧！从愚蠢、虚荣和恶习之中，

从一切卑劣的追逐之中，

充实我的灵魂吧！

用知识、心灵的安宁、纯洁的德行，

用圣洁、真实、永无止息的天福。

生活秩序一项要求每一件事务都有一定的时间，因此我的小册子其中一页记着一天 24 小时的作息时间表：

每日时间分配计划表	
上午	问题：我在这一天要做哪些好事？ 5点至7点： 起床，梳洗，祷告上帝！ 规划一天的事务，明确当日应注意之点；进行当前的研究工作，早餐。 8点至11点： 工作
下午	12点到1点： 阅读或者检查我的记录 2点到5点： 工作
晚上	问题：今天我做了哪些事？ 6点至9点： 物归原处，用晚餐，进行音乐或文娱活动或闲谈；检查当天的行为。
夜间	10点至凌晨4点： 睡眠

我开始执行这个自省的计划。偶尔中断，也都随即接上。我惊愕地发现自己满身的过失，远远出乎意料，但我也愉快地看到我的过失在逐渐减少。为了避免不时重做小册子的麻烦，我擦掉上一次的记录

以便记录下一期的过失，不久，我的小册子就变得千疮百孔了。我用一种光泽度极高的厚纸做表格和箴言，横直线是用红墨水画的，经久耐用，我就在这些格子里用黑铅笔记载我的过失。这些铅笔记号可以很容易地用湿海绵抹去。过了一段时间，在一年中我仅仅完成一个循环，以后变成几年完成一次，直到最后我完全放弃了这个计划，因为在航行和因公外出时，往往有许多事务侵扰，阻挠我执行自己的计划，但是我身边总是带着这本小册子。

我感觉最难的是实践生活秩序。如果是一个印刷工人，他的工作固定，可以安排他的时间，他或许可以做到每件事都有固定时间，而一个老板必须四处应酬，在任何时间都有可能需要接待因事来访的客人，那他就不可能严格遵守每天的时间分配。而把杂物、文件等等放置固定的位置，对我来讲也是难以做到的。我不习惯这么做，因为我有一个超乎寻常的好记性，并没有感觉到乱放东西带来的麻烦。所以做到生活有序花了我不少心血和努力，我因为这些过失而那么烦恼，我在这方面改进得那么慢，稍加改正往往又故态复萌，我几乎要放弃了这一点，接受自己的缺陷了。

这让我想起了生活中很多类似的事，比如一个人曾向我的铁匠邻居买了一把斧头，他要求铁匠把斧头磨得像斧口一样光亮。铁匠同意给他磨亮，但是要他摇转磨刀的轮子。铁匠把斧头宽阔的一面重重地贴在磨刀轮上，这样摇轮子很吃力。那个人不时地从轮子的地方跑过来看看工作进行得怎么样了，到了后来他不想再磨了，宁可接受原来的斧头。"不"，铁匠说，"继续摇吧，继续摇吧，慢慢地我们就能把它磨亮，现在只有几个斑点了。"那人说："是，但是我想我最喜欢有斑点的斧子。"我相信许多人都是这样，他们发现要获得好习惯打破坏习惯的困难，就不再努力了，最后的结论就是"一把有斑点的斧子是最好的斧子"。因为某些冒充理智的东西会不时地暗示我说，像我这样对自己的道德吹毛求疵也许也是一件蠢事，如果有人知道了我的这个想法，我将成为笑柄。不过，我听过这样一个说法：一个品格完美的人会引起别人的忌妒和敌视，所以一个仁慈的人会给自己留一点缺点，让朋友有指摘的余地。

说实在话，我在生活秩序这方面的不良习惯是难以矫正的。现在我慢慢地老了，记性也变坏了，我能够非常清楚地感觉坏习惯带来的不便。但是，虽然我曾妄想获得的完美境界未能达到，而且差得很远，但是经过努力总算是比我做尝试之前要好得多快乐得多了。正像临摹帖本的人，他们的目的是要获得完美的书法，虽然他们可能永远也不能写得像帖子一样高妙，但是在临摹的时候，他们的书法却改善了，字写得整洁易读，这就相当不错了。

我想我把这个小计划告诉我的子孙是对的，他们应该知道自己的祖先所以一生有不断的幸福，直到他79岁写下这篇自传为止，全靠这个小小的方法和上帝的祝福。也许他的残年会有什么逆运，但那是未定之数。即便碰到了什么不幸，往日的快乐也足以让他听天由命了。他把他长久的健康归于节制，迄今还有很强健结实的体格；他把早年安适的境遇、财富的获得归于勤俭；他把国家对他的信任和给他的光荣的职位归功于诚恳和公正；他的和气和他谈话时的愉快爽直，则应当归功于全部这些品德。虽然没有达到尽善尽美的境地，但是到了晚年他还颇受人们的欢迎，甚至年轻的朋友也喜欢与他交往。我希望我的子孙中会有人仿效这个例子，获得有益的效果。

在这里我还要说明一下，虽然我的计划并不是完全没有宗教痕迹，但是其中却没有任何教派的特殊教条印记。我刻意回避了这些，完全相信我的方法实用而有效，对信仰任何教派的人都可能有用。我还打算把它发表，我可不愿意它包含任何足以引起宗教偏执的东西。我曾想替每一条德行写一点注释，在里面写上这种德行的好处和相对立的恶行的危害。我原打算书名就叫《道德的艺术》，书里会写出养成这些美德的方法，这就使它与那些仅仅劝人为善的书大有区别。那些空洞的理论不教诲人，也不指明方法，像口头施恩的慈善家，对受冻挨饿的人不说怎么样或者去哪里可以找到衣服和食物，却告诫他们要吃饱穿暖。

但是我撰写和发表这个注释的打算一直没能实现。我常常记下一些感觉、论断等等的短短笔记，以备他日之用，有一部分仍在我旁边，因为我早年一直醉心于个人事业，后来又投身公众事务，所以耽搁至今。在我的想象中，这个计划是需要一个人投入很多精力去实行的，一连串出乎预料的事情使我抽不出精力，所以这些注释迄今未能脱稿。

在这部作品中，我本想解释并强调这样一个原则：不道德的行为并不是因为被禁止而有害，而是因为有害才加以禁止。单考虑人性的话，那么人人都是有美德的，他们都希望在世界上得到快乐，而我只是努力让年轻人相信，世界上没有其他品质能像诚实忠厚那样可以使一个穷小子发财。

我的德行表起初只包括十二条，但是一个教友会的朋友亲切地告诉我说，我看来起有些自大，这种自大又常在谈话中流露出来。我常常不是以谦逊的态度来讨论问题，总不能满足于仅仅证明自己是正确的，而是又自大又傲慢，他还举了几个实例使我信服。我决心尽全力克服这种坏习惯，所以我在单子上加入了谦逊这一项，并而赋予了这个词广泛的涵义。

我不敢夸口在谦虚这方面有多大的成就，但至少在外表上我有了不小的进步。我克制了一切对别人的意见当面抢白和反驳，也不再作出盛气凌人的过于自信的论断，我甚至按照讲读俱乐部的老规矩禁止自己的言辞中出现一切肯定的断语。我不用"一定的"、"无疑的"等等词汇，而是采用"我猜想"，"我揣测"或者"我料想这件事是如此如此"，"以目前的情况，据我看来是如此如此"。当别人肯定某件事，而我认为是错误的，我绝不粗暴地攻击他的主张，不会立即指出他的意见中荒谬可笑的地方。我放弃了这样的驳斥给我带来的快感，而是平静地告诉他在什么情况下他的看法是正确的，但在现在的情形之下据我看状况并不相同。我马上感受到这个转变带来的好处，我的谈话比以前融洽了。我发现当我开始谦逊地提出我自己的见解时，这些意见反倒更容易被人们所接受。当我发现自己错了的时候，也不至于像从前那样地懊丧，那样地感到耻辱；当我是对的时候，我也更方便说服别人放弃错误，接受我的意见。

起初，这种做法让我感觉很别扭，但是做得多了渐渐变得非常自然容易，进而成为了我的习惯。我甚至敢打赌过去50年中没有人听我说过一句独断的话。当我早年提议建立新制度，修正旧制度时，我的意见所以被人重视；当我成为议员，公民所以看重我的主张，我想都应该归功于谦逊的习惯（以及我正直的品格）。我不善辞令，演讲并不流利，措辞也常有错误。言语虽不尽正确，但人们仍能体谅，这就是谦逊的价值所在。

其实，在我们的各种情感中，恐怕没有一样比骄傲更难以驯服了。尽管你极力藏匿它、克服它、镇压它，但你还是消灭不了它，它还会在不知不觉之间钻出头来显露原形。可能在这本自传中你会常常看到它，因为即使我自以为完全克服了骄矜的习气，其实又是在为我的谦虚而炫耀了。

第三章　续传

　　富兰克林曾回忆"1788 年 8 月在费城家里写的，这一次写得比较多，一直写到我代表宾夕法尼亚赴英请愿。战争使大多数札记都丢失了，但还是找回了一些"。这一部分以"偶然保存下来的写于 1731 年 5 月 19 日订阅图书馆的读史短评"开头。

一、政治主张和宗教信仰

我曾有一个大计划，我似乎应该在这里谈一谈这个计划产生的经过和它的目的。下面这个偶然被保存下来的小小文件说明了它是怎么在我的头脑中生发的：

读史短评

世界上的大事情，如战争、革命都是政党造成并受它的影响。

这些政党的观点代表他们的既得利益或是它们借以攫取这些利益的条件。

不同的政党，观点亦不相同，一切的混乱由此产生。

一个政党在制定它的政纲时，党内的每一个成员在观点上都有他的私人利益。

在政党达到它的目标以后，每一个政党成员就开始为了个人利益，相互龃龉抵触，把一个政党分裂成许多派系，结果造成更大的混乱。

凡公共团体所为的事业，不管他们口头上说什么，他们的行动很少是纯粹为国家谋利的，只是假借国家的名义来号召群众。即使他们的行为真的对国家有益，他们最初的想法还是把自己和国家的利益联结起来考虑的，并不是出于尽忠为国的热忱来做这些事。

至于在政界中为人类福利服务的人就更是凤毛麟角了。

在我看来，目前很有必要成立一个道德联合会，把世界各国有德行又善良的人组织成一个正规的团体。规定善良而又明智的党章，善良而贤明的人们显然会同心一致地服从这个规章，胜过普通人遵守法律。

如果一个有威望的人能够正确地试行此事，他一定能够得到上帝的福佑而取得成功。

本杰明·富兰克林

1731 年 5 月 19 日于图书馆

我打算在环境稍顺，且得闲暇的时候，着手实行生平的志愿，把我的思想整理出来。我不时地把想到的有关思想记在纸上，然而多半都遗失了，不过我找到一个原拟作为教条草案的文章，其中包含当时我认为各种教派的精髓，它摒弃了一切可能引起教派信徒冲突的内容。原文如下：

天地间有一位上帝，创造万物，

以天道治理世界，

人应该用崇拜、祈祷和感恩来敬拜上帝，

但只有与人行善是上帝最喜悦的服务，

灵魂不灭，

上帝必惩恶扬善，不论今生还是来世。

当时，我对理想中的那个团体有一些主张：一开始它应当只在年轻的单身汉中间传布，每一个入教的信徒不但要宣布承认这些教义，还必须实行十三星期的道德考查与实践。在初期，这个教派的存在应该暂时保密，直到社会重视起来，以防止不适当的人加入进来。但是信徒可以在友人中物色坦率聪悟、善良温和的青年，慎重地告诉他们这个教派的愿景。信徒们必须在事业上、生活上、信仰上相互劝告、协助和支持。这一教派可以定名为"自由与安逸社"。之所以提到自由，是因为养成了践行美德的习惯以后人们就能够脱离罪恶的统治，特别是在养成了勤俭的美德之后人们便可以避免负债，而负债会使人遭受拘禁或者被奴役而失去自由。

关于这个想法，能记起的只有这些了，我记得曾经把一部分计划告诉过两个年轻人，他们热情高涨地赞成这样做。但是我那时境况窘迫，必须孜孜矻矻地打理我的事业，不得不把这计划搁置到以后，以后又有千头万绪的公私事务羁身，一再延期，直到后来我已没有充足的精力和活动力来从事这样一项事业了。虽然至今我仍以为这是一个可行的计划，并且一定会很有用，能够造就许许多多好公民。我也没有为这个事业看起来艰巨而沮丧，因为我一向认为一个真正有能力的人可以作出巨大的变革，能在人类中间完成伟大的事业。如果他先制订一个好的计划，舍弃一切分散他注意力的娱乐和扰乱精力的琐碎事务，专心致志地去执行他的事业，那么单单艰巨肯定是不能阻挡他成功的。

二、《穷查理年鉴》面世

1732 年，我第一次用查理·桑德斯这个笔名出版了我的年鉴。我持续出版了大概 25 年之久，通常大家称之为《穷查理年鉴》。我想方设法让它有趣又实用，因此它风行一时，销路渐广，我也从中获利不少，后来每年行销 1 万册之巨。宾夕法尼亚的普通民众，几乎人手一册，我想如果用这本书对普通民众进行教育再合适不过了，因为他们难得能买到别的书。于是我把年鉴中所有的空间都填上格言句子，这些格言箴句主要是教人把勤俭持家作为发财致富的途径而获得美德，因为要一个挨冻受饿的人经久不变地保持诚实高洁是困难的，我在年鉴里就引用了一条格言："一只空袋子是没办法站得笔直的。"

这些格言里包含着古今中外的智慧，我把它们收集在一起写成了一篇连贯的文章，放在 1757 年年鉴的卷首，作为一个有了点经历的老头子对世人的一次演讲。这些分散的格言集中在一起后，更能令人深思。这篇文章受到大家的赞扬，所有美洲的报纸都竞相转载；在英国，人们用巨幅纸张翻印，以便贴在家里；在法国，它有两个法文译本，许多教士和地主大量订购，免费赠送给贫苦的教友和佃农；在宾夕法尼亚，因为文中提到了反对把钱财浪费在外国奢侈品上，所以在它问世以后的几年中，市场上的货币不断地增多，有人认为其中有着这篇文章的功劳。

我想把我的报纸作为另一种公众教育的工具，因此我常在报上转载《旁观者》的美文或是其他伦理道德的文章摘要。有时刊载一些我著的短篇作品，它们原先是为了在讲读俱乐部中讨论而撰写的。这些文章大都集中发表在 1735 年初，其中有一篇苏格拉底式的谈话，旨在证明：一个坏人，不管他的资质和才能如何出众，都不可能成为一个真正明达的人。还有一篇讨论的是自制克己，指出一种美德的养成不仅仅包括把它形成习惯，而且要使自己不受与之相称的恶念侵扰才算得上牢固。

在编辑报纸的过程中，我谨慎地避免登载一切诽谤的和带有人身攻击意味的文章。有时会有人要求我刊登这类诽谤和污蔑，有些作者以出版自由为托词，他们自以为是地认为报纸就像一辆受雇的马车，任何人只要出了钱就可以在上面占一个位置叫它到任何地方去。但是我的答复是，如果他愿意，我可以替他单独印行，他自己负责发行，需要多少份我都可以印刷，但是一定署作者自己的名字，我不承担替他散播毁谤的责任。因为我已经跟我的订户相约，承诺向他们提供有益的、有趣的东西，那我就不能让报纸上充斥着与他们并无关系的私人口角。如果我真这么做了，我就违背了自己的立场。现在许多报纸都沾染了这种恶习，为了满足个别人发泄怨恨的私欲，毫不犹豫地去污蔑毁谤一些品德优秀的人，挑拨是非，甚至引起争斗。

此外，有些报纸甚至轻妄到刊登文章对邻国政府甚至我们最好的盟国的措施进行下流粗鄙的污蔑，这种举动可能会引起严重的后果。我提起这些，是为了告诫年轻的报纸发行人，劝告他们不要沾染这种恶习，污辱他们的报纸而使他们的职业蒙受耻辱。他们应当坚决地拒绝这种要求，因为他们可以从我的例子中看出：这种方针是不会影响盈利的。

1733年的时候，我派遣一个工人到南卡罗来纳州的查尔斯顿，那里正需要一家印刷所。我提供给他一架印刷机和几套铅字，并且和他签订了合伙合同，我能从中抽取三分之一的利润，但也要担负三分之一的开支。这个工人是个有学问的人，诚实廉洁，不过不太懂会计，虽然有时候他也汇款给我，可是我总不能从他那收到会计报告，实际上我就从来没能收过一份我们合伙情况的令人满意的报告。而在他死后，他的妻子继续承担印刷所的事务。她在荷兰生长，而在荷兰，簿记是妇女教育的一部分。这位寡妇不但把以往的收支作了一个尽可能详尽的汇总，而且每季按时寄来井井有条的报告。她管理业务是如此成功，不但把一家孩子都养育成人，而且颇有美誉，在合伙期满以后，她把印刷所从我手里买了过去，交给她的儿子独立经营。

我所以记下这件事，主要是为了向我们的年轻妇女们推荐簿记这门学科，万一结婚后守了寡，簿记肯定比音乐跳舞更有用，这个手艺至少能保证她们不至于受坏人的欺骗而遭受损失，或许还能够帮助她们靠着已经建立起来的关系继续管理丈夫留下的商店，一直坚持到儿子长大后能够独自经营，这对于残缺的家庭也许是最好的结果了。

三、汉姆菲尔牧师

大概在 1734 年，年轻的牧师汉姆菲尔从爱尔兰到我们这里来了。他声音洪亮，即兴讲演也能讲得天花乱坠，他的说教吸引了大量属于不同教派的人，大家一致赞美他。我也跟其他人一样，经常去听他讲道；我很喜欢听他的说教，因为他并不是作那种教条式的阐述，而是激情洋溢地劝人为善或从宗教的角度来解释积累功德。但是我们会众中有一些自命为正统的长老会信徒，他们反对汉姆菲尔的理论，大多数年长的牧师都加入了这一方，并且向长老会的宗教议会提出控告，称他为异端，力图禁止他传教。而我则是他热烈的拥护者，并且尽我的全力把拥护他的人组织到一起，为他战斗，我们这一股力量一度压倒了对方！双方在一段时期进行了不少笔战。我发现他虽然是一个很能干的传教士，但拙于笔墨，写出的文章颇为蹩脚，于是我索性替他执笔，代他写了两三本小册子和一篇论文，发表在 1735 年 4 月的《公报》上。像普通的争论性文章一样，这些小册子当时风行一时，事后却很快地无人问津了。我估计现在恐怕连一本也很难找到了。

在拉锯战中还发生了一件不幸的事件，大大地损害了汉姆菲尔的事业。对方有一个人，在听他讲完了一篇大受人们赞美的讲道以后，觉得自己以前在什么地方读到过，反正至少曾经见过一部分。经过一番寻找，他在一本英国的评论中找到了那段说教的详文，是从《英国评论》里福斯特博士的讲道文中引来的，当人们得知这一发现后，许多人看不起他，也不再支持他了，这样就使我们在宗教议会中的斗争败下阵来。不过我从始至终都支持他，其实对我而言，虽然一般传教士都是要自己写讲道文的，但是我宁可听牧师们照念优秀的讲道文，也不愿听他们自己杜撰出来的差劲的说教。后来汉姆菲尔向我坦白，说他的说教全都不是他自己写的，并且说他的记忆力很强，任何讲道文只要看一遍，就能背诵不忘。我们被击溃以后，他就离开了我们，到其他地方碰运气去了，我也离开了这个教会，虽然我持续捐款，补助这个教会的牧师许多年，但我从此以后还是没有再加入它。

1733 年开始，我尝试学习外语。没过多久我就把法语语法学得不错了，能够顺利地阅读法语书籍。紧接着，我开始主攻意大利语。我正好有一个朋友，当时也在学意大利语，他常常怂恿我和他下棋，可是我发现下棋过多地占用了我原定的学习时间，就拒绝再跟他下棋，除非每盘棋的胜利者有权指定一次作业，或者是背诵语法，或者是翻译文章，失败的一方要保证在我们下次会晤之前完成这些额外的作业，胜利的一方也要完成监督的责任。正巧我们的棋艺又不相上下，于是我们就是这样把意大利语灌输到对方的头脑中去了。在那之后，我又下了一点苦功去学西班牙语，能够直接阅读西班牙语书籍的原文。

我在上文中提到过，我曾在拉丁学校学过一年拉丁文，不过那时我还很小，后来就完全把它置之脑后，弃之不管了。但是当我掌握了法语、意大利语和西班牙语以后，再去翻阅一本拉丁文书写的《圣经》时，出乎意料地发现，我能看懂的拉丁文远比我想象得多，这事鼓舞我研习拉丁文，我也得到了很大的成功，因为以前学过的几种语言已经替我铺平了道路，学起来事半功倍。

从上边的情况来看，我认为我们现行的教外语的方式有不合理的地方。一般的情况是，我们先从拉丁文学起，学会了拉丁文以后，再学习由拉丁文演变出来的现代语言，人们说这样做循序渐进，会容易许多。但是为了更顺利地学习拉丁文，我们为什么不先去学希腊文呢？诚然，如果你一口气攀登到山顶，再下来就很容易了，但是假如你一个台阶、一个台阶地向上爬，那会让你更轻松地到达顶点。有许多人学拉丁文，学了几年后毫无成绩，遗憾地把它丢弃了，于是他们过去所付出的成了无用功，他们的光阴荒废了。

所以在这里，我恳请主管青年教育的当局考虑一下是否可以先从法语开始，然后学意大利语，即使学习了几年以后，他们不愿意再学习外语而没能达到完成学习拉丁文的初衷，但是至少到那时，他们已经学会了一种或两种其他的外语，这些现代通用的语言可以在日常生活中派上用场。

我离开波士顿已经足有 10 年了，生活也逐渐变得宽裕了，于是我利用空闲的时间到波士顿旅行了一遭，探访我的亲友，这在以前我是绝无充裕的财力来完成这样的旅行的。在归途中，我顺路到新港去探望哥哥，他已经把他的印刷所搬到那里去了。我们早已经冰释前嫌，这次见面是十分热情诚挚的。他的生命力正在加速衰退。他请求我在他死后 (他料想自己的死期已然不远了)，把当时年仅 10 岁的儿子领到我家里去，子承父业，从事印刷业。我照办了这个嘱托，先送侄子去学校读了几年书，然后叫他学习印刷业。在他成人以前一直是他的母亲继续经营着印刷所。他成人以后，我送给他一套新的铅字，他父亲留下的那套铅字已经有些磨损了。我想我算是补偿了我早年的出走带给哥哥的伤害和损失。

1736 年是一个悲痛的年份，我的一个儿子，年仅 4 岁的非常好看的儿子，得了天花夭折了。一直到现在，我还在后悔没有事先替他种痘，在很长的时期内我都十分痛心悔恨。我提这件事是为了告诫那些不替孩子种痘的父母，他们总是担心万一自己的孩子因种痘而死，他们将永远不能饶恕自己。可是我要告诉他们不种痘也同样有危险，并且我有血的教训，他们如果明智的话，还是应该选择一条危险更小的道路。

四、壮大社团、醉心公益

我们的讲读俱乐部开始成为一个有益社会的组织了，会员们觉得自己十分满意，于是有些人就想介绍朋友入会。可是如果这样做了，那就又违背了早先确立的原则，无法保证俱乐部适当的规模，也就是12人的限额。我们的社团一向是秘密的，我们每个人都恪守不渝，这样做的根本目的就是免得坏人混入会里。有些人可能会使我们觉得难以拒绝。我自己是反对放宽限额的，但是我想出了一个两全之策，并作了书面建议，提议每个会员分头设法组织一个附属社团，拟订相同的讨论规则，但是不泄露它与讲读俱乐部的联系。这个办法的优点是显而易见的，让更多的青年人可以通过我们的社团获得提高，我们可以更好地了解普通居民的想法，讲读俱乐部的元老社员可以在分社中提出我们讨论研究的题目，并且把分社讨论的经过向讲读俱乐部报告；更广泛地推荐和介绍，可以增进我们各自的事业；我们还可以把讲读俱乐部的主张和看法传播到分社中去，无形中加强了我们的政治影响和为社会服务的广度。

这个计划最终获得了通过，每一个社员着手组织自己的社团，当然这并不是每个人都能轻易获得成功的事，只有五六个分社组织了起来，它们的名称千奇百怪，比如"葡萄社"、"联合社"、"群社"等。这些分社不但对社员自己大有裨益，而且带给了我们不少的消遣、消息和教训，这在相当大的程度上符合了我们原先的期望，在某些特殊的事件上影响了公众的舆论，这些事我在合适的时候会讲到的。

我平生第一次获得升迁是在1736年当选了州议会秘书。当年是经过一致同意而通过的，但在来年，当我再一次获得提名时（跟议员一样，秘书的任期是一年），一个新议员发表了一大篇反对我的演说，以此来赞助另一位候选人。风波过后我还是当选了。除了秘书职位本身的薪酬以外，我还获得了很好的机会与议员们建立联系，我很满意这个职位，这个职位帮助我招揽了不少印刷选举票的业务，还有法律，纸币和其他零星的公家生意。大体说来，这类生意利润都很丰厚。

我不愿意引起这位新议员的反对，因为他不但家境殷实，受过良好的教育，而且很能干，也许过一些时候他就会成为议会中一个很有势力的人。后来事实果然是这样发展的，但是我又不愿卑躬屈膝地奉承他，以毫无尊严的方式获得他的青睐，于是，平稳了一段时间之后，我采用了另一个方法。我听说他的藏书中有一本稀有的珍本书，我就给他写了一张便条，极力表明我非常想看那本书，希望他能借给我看几天。他立刻把那本书寄来了，大约过了一星期我把书送还给他，又附了一张便条，热烈地表达了我的谢意。在我们的下一次见面时，他跟我打了招呼（他以前从不如此），而且殷勤得礼。从此以后，他在许多场合都帮了我的忙，我们也因此成为了知己，我们的友谊一直到他逝世才不得终止。

这再一次证明了我从前听到的一句古老的格言，"假如一个人帮了你一次忙，那么以后他会比受过你恩惠的人还乐意帮助你"。这件事其实也说明与其去怨恨、去报复、去不断添加私人冤仇，反而不如把它消除更为有益。

1737 年，州政府不满意费城邮务代办在处理账册方面的疏忽失职和账目不明，将斯波上校（弗吉尼亚的前任州长，当时的邮务总局局长）革了职，又提议由我继任。我欣然接受。这个职位对我是大有裨益的，虽然它的薪酬很少，但是在这个位置上消息灵通，又有利于我的报纸的递送，明显地增加了它的发行数，也招徕了更多的广告。结果就是这样一个职位间接地使我增加了一大笔收入。相应地，作为多年劲敌的那家报纸衰落了。我并没有报复自己的老竞争对手，对他当邮务代办期间不允许骑师递送我的报纸的举动没做太多的计较。即便如此我也心满意足了，他已经因不重视账目而受累无穷。

我提到这件事是想把它作为一个教训教给年轻人，如果他们将来替别人办事，就应当永远把账册弄得清清楚楚，规规矩矩地把款额上缴。能够做到这个地步，那么他的品德就成了最有力的推荐书，能够替他谋得更好的职位，招徕更多的生意。

我现在开始把注意力转向公共事务上去了，不过我是从很小的方面试着着手的。费城的巡夜制度是我认为亟须整顿的事务。巡夜一直以来是由各区的警官轮流负责，警官预先通知若干户主在夜里随他巡夜，不愿意的人可以选择每年出资 6 先令来免去这项差役。这笔钱原本应该用来雇用替代者，但是数额大大地超过了实际的需要，很明显，警官这一职位成了一个肥缺。警官们常常收罗一些乞丐和无赖，给他们一点酒喝，就可以指使他们一起去巡夜。巡夜工作也常常被忽略，警官的大多数夜晚都消磨在醉酒之中了。当然，也有一些有地位的户主不愿与警官为伍。我为此写了一篇文章，还在讲读俱乐部内部作了宣读，指出这种不正常的情况，特别强调警察在课税时并没有考虑到纳税人的实际经济情况，一律征收 6 先令造成了不平等，比如一个穷苦的寡妇需要保护的全部财产也许都不超过 50 镑，而她付的巡夜税却和一个仓库中贮藏着几千镑货物的大富商完全一样。

总之，我制定出的巡夜制度是行之有效的：雇用合适的人专职从事巡夜工作；同时，我也提出了更合理的摊派巡夜费的办法，就是按照财产的比例课税。这个方案在讲读俱乐部内部得到赞同之后，我们就把这一计划散播到各个分社去，好像是各分社自己提出的计划。虽然并没有立刻得以实行，但是我们引导公众在思想上替这个变革做足了准备，给几年后通过的那条法律铺平了道路。当那条法律通过时，我们社员的社会地位已经日渐重要了。

大概就在同一时期，我写了一篇文章（先在讲读俱乐部宣读，但后来刊发了），谈的是酿成火灾的各种疏忽、事故，劝人小心火烛，还总结了防火须知，大家认为这篇文章很实用。为了能够迅速扑灭大火，或者在发生危险时能够相互协助搬运和保护货物，建立消防队的想法应运而生。没用多久，就有30人愿意加入这一组织。根据我们的合同，每一位队员必须经常保持备有一定数量的皮水桶和结实的口袋和篮子（以便装运货物），一有火灾就必须马上把它们带到现场。我们决定每月集会一次，讨论和交换有关防火的看法，在遇到火灾时我们如何行动才能更有效，这些知识在发生火灾时或许能够救人一命。

消防队的作用立即就体现出来了。愿意加入的人不断增加，大大地超过了我们认为每队应有的适当数量。我们劝他们依样另外组织一队，他们照办了。这样，新的消防队一个接着一个不断地组织起来，直到后来它们的数量已经十分多了，以至于大多数有钱的居民都加入了。当我写本文时，我最初建立的"联合消防队"仍然存在并活跃着，虽然自成立至今已经有五十多年了，虽然第一批队员中，除了我和另外一位年纪比我大一岁的人以外，全都过世了。队员因不出席每月例会而缴纳的小额罚金就用来购置救火机、云梯和其他消防队用得上的器械。我猜想世界上没有其他哪个城市能比费城更迅速地制止火灾了。事实上，自从组织了消防队后，费城从未有过烧毁两间住房以上的大火，通常是在起火的房屋烧掉一半以前，火焰就已经被扑灭了。

五、怀特菲尔德牧师

1739年，著名的巡回布道牧师怀特菲尔德从爱尔兰到了我们这里，引起了大家的注意。最初他被允许在我们的一些教堂中讲道，但是这些教堂的牧师们讨厌他，不久就不准他在他们的教堂里讲道了。他不得不到露天场所去布道。千千万万属于各个不同教派的人都去听他说教，我也是其中之一。他的演说对听众有一种不同寻常的慑服力。哪怕他常常斥责听众，辱骂他们天生是半畜牲半魔鬼的东西，他们还是赞美他，尊敬他。我看了真有点想不透，他的说教让我们居民的风俗习惯起了极大的变化，这真是令人惊叹不已的事情。我们这的人先前认为宗教是无足重轻，可有可无的，然而现在看来好像整个世界都宗教化了。每当夕阳西沉，到城里的各处转转，就会听到每条街上的各个家庭都在唱赞美诗。

露天集会是受天气影响的，很不方便，于是有人提出了建造教堂的主意。这计划一提出，受理捐款的人一经指定，马上就募集了足够的捐款，购买土地修建教堂的费用筹集得非常顺利。教堂长 100 英尺，宽 70 英尺，样式是仿威斯敏斯特教堂的。由于建筑工程是在一种热烈的气氛中进行的，所以教堂出人意料地在极短时间内就提前完工了。全部房产地产委托给董事会管理，并且明文规定，任何宗教的教士需要对费城人民布道时，都可以使用。这个教堂的修建本来也不是为了某一个教派的方便，而是为了全体市民，所以即使君士坦丁堡的伊斯兰教教徒要派一个传教士来宣扬伊斯兰教，他也可以找到一个讲坛，登台讲演。

怀特菲尔德先生离开费城以后，沿路布道一直到佐治亚。佐治亚的移民刚开始不久。正常来讲适宜垦殖的人应该是习惯于劳作的吃苦耐劳的庄稼汉，然而移民到佐治亚的却是一些破产的商人以及他们的家属，还有其他亏了老本的债务人，其中许多人好吃懒做，才从监狱中释放出来。这些人不能胜任开垦砍伐的工作，不能忍受一个新垦区的艰苦生活，大批地死亡了，留下了一大群孤苦无依的儿童。怀特菲尔德先生看到了这些悲惨境遇以后，仁爱之心被激发起来，要在那里开办一所孤儿院抚养和教育这些孩子。于是他掉头向北归来，宣传推荐这一慈善事业，募集大量的捐款。他的口才具有一种奇妙的力量，能使听众心悦诚服地慷慨解囊，我自己就是被他感动的一个例证。

　　我并不赞成他的这个计划，因为佐治亚在那时缺乏建筑材料和工人，而他提议花很高的成本把材料和工人从费城运去，我想假如把孤儿院建在费城，而把小孩子接过来，不是更好吗？我向他提出了自己的见解，但是他坚持自己原先的想法，不听我的忠告，我就拒绝捐款。不久，我碰巧听了一次他的讲道，我看出他打算在讲道结束时募集一次捐款，我暗地里下定决心一个钱也不给，这时我口袋中有几个铜币，三四块银元，5块金币。可是当他继续讲下去的时候，我开始软化了，就决定把铜币给他。后来，他的演说使我感到惭愧了，开始觉得铜币太少了，决心把银币也给他，但是讲演的结尾是如此的动人，等到收款人拿着捐款盘来的时候，我把口袋里的钱全部捐了出去，倾其所有。

　　当时在场的还有讲读俱乐部的一个社员，他也像我一样不赞成在佐治亚修建孤儿院，他早料到要募捐，所以他从家里出来前预先把口袋里的钱倒空了。但在讲道快结束时，他还是有一种十分强烈的愿望想捐点钱，他就向站在他附近的一个邻居借钱去捐献。但是不幸的是，他的邻居也许是听众当中唯一有足够坚强的毅力不受传教士影响的人，他的回答是："霍普森先生，无论什么时候我都愿意借钱给你，但是现在不行，因为您好像有些失控了，我觉得这次捐款是没有道理的。"

　　一些怀特菲尔德先生的仇人恶意地宣称他会自己挥霍掉这些捐款，但是我是怀特菲尔德先生的老相识（他常叫我替他印刷讲道文、记事本等），我一向丝毫也不怀疑他的诚实廉洁，直到今天我都坚决相信他是一个彻头彻尾的诚实人。我想我替他作证应当受到人们的特别重视，因为我和他不属于同一教派。的确，他曾经为我祈祷，希望我能够皈依，但是他无法从祷告蒙受垂听中收获快慰，因为我从来不曾给他答复，一直独行其是。我们的关系仅仅是一种世俗中的友谊关系，双方都诚恳相处，这种友谊一直持续到他离世。

下面的事情多少能够说明我们之间的交情。有一次，他从英国到了波士顿，写信给我说他不久要到费城来，但是不知道在逗留费城期间他可以在什么地方住宿，从前招待他住宿的老朋友贝内泽先生已经搬到日耳曼城去了。我回答他说："你知道我的住处。如果你不嫌简陋的话，非常欢迎你来住。"他回复说，假如你是看基督的面上愿意竭诚招待我，上帝一定会祝福保佑你。我回答他说："不要误会我。这不是为了基督的缘故，这只是为了你。"我们的一个共同的朋友开玩笑说，听说圣徒们有一个习惯，当他们受了人们款待的时候，总是把人情记在天上，不愿意说他们自己领了情，而我呢，却偏偏把它记在地上。

最后一次见到怀特菲尔德先生是在伦敦，他跟我谈起孤儿院的房屋问题，他说他打算把这些建筑用来改办一所大学。

他的嗓音洪亮而清晰，每字每句的发音都十分准确，一丝不苟，人们站在老远的地方就可以听清楚他的话，而且不管他的听众多么多，总是鸦雀无声地静听。有一天晚上，他站在法院石阶上布道。法院位于市场街中段和第二街西侧（这两条街是成直角的），这两条街上都站满了人，一直排到相当远的地方。我站在市场街最后面，想知道他的声音究竟可以传得多远，我一直向河边后退，发现他的声音一直到步入前街还可以听得清楚，而当我跑进前街，街上的喧闹声才把它盖住。当时我就想：假如以我们的距离作为半径画一个半圆，当中站满了听众，假定每人占用两平方英尺，那么至少有 3 万人可以听到他的讲话。这让我相信报纸的记载，他曾经在露天场地给 2.5 万人讲道。在古代历史记载中，将军向全军训话，这种事我以前是不相信的。

我经常听他讲道，渐渐就能够很容易地区别他新的讲演和那些在旅行中讲过多次的布道。由于后一类他已经反复讲了很多次，他的讲演就会有很大的改进，每一个重音、每一个重要的字、每一个抑扬都拿捏得十分恰当，声调抑扬顿挫，十分完美。即使一个人对于他所讲的内容毫无兴趣，但听了之后也不能不感到愉快。这种愉快就像听优美的音乐时引起的快感。我想这就是巡回牧师超过常驻牧师的地方，后者不能反复使用同样的一篇说教来改进他讲演的声调和姿态。

怀特菲尔德先生印发的一些作品给了他的敌人以可乘之机。讲道时一不留神说错了话，甚至提出了错误的意见，还可以用后面的话来对它的意义加以解释，或者直接否定，但是落了笔墨就没有办法了。他的敌人猛烈地攻击他的著作，而且看起来他们的批评好像还十分有道理，就这样他的信徒人数不再增长了。假如他不曾发表什么文章，他的信徒一定会多得多，他建立的教派一定会更重要，他的声誉即使在死后也还会不断增长，因为没有著作就没有根据，无从谴责或是毁谤，他的信徒就可以热忱地赞颂他的优秀品质，认为他是一个完美的人。

六、蒸蒸日上

我的生意不断扩展，我的境遇也一天比一天优裕。我的报纸利润很丰厚，有一段时间它是本州和邻近各州唯一的报纸。同时我也懂得了这句话的真理："在获得了第一个 100 镑以后，再去赚第二个 100 镑就容易得多了。"金钱本身是具有再生的本质的。

我在卡罗来纳州的合伙是成功的，这使我受到鼓舞想再提升一些行为端正的工人，按照卡罗来纳合作条款，订立新的合作合同，扶植他们在各殖民地开设印刷所。这些工人的事业大多数都很发达，在合作合同 6 年期满之后，他们基本上都有能力向我购买铅字，自己独立经营，靠这样的方法发家致富。生意场上鲜克有终，有许多合作是以争吵告终的，但是我们合作得很愉快，因为我一开始就防范发生误会，在合同中非常明确地说明了双方应尽的义务和享有的权利，这就起不了什么争执。我劝告所有合伙人都采取这种预防措施，不管在订立合同时双方是多么相互尊敬、多么相互信任，日后都可能发生猜忌和抱怨，在负担业务和事务分配方面产生不平等的观念，这样往往会引起友谊和合作的破裂，甚至引发法律上的纠纷或其他不愉快的后果。

　　总之，我对在宾夕法尼亚州开业是十分满意的。但还是有两件事让我感到遗憾，一个是宾夕法尼亚州没有防务，也没有民兵组织；二是没有一所教育青年的高等学府。因此，在 1743 年，我提议建立一所高等学校，当时可敬的彼得斯牧师正处在失业中，我认为他是管理这样一所学校的适当人选，就把计划告诉了他，但是他想为地主服务获得更大的利益，而且已经成功地找到了这样一个职位，所以不肯来做这事。我当时再想不出一个适合这个职位的人，于是计划搁置了下来。翌年，我提出成立一个"哲学研究会"，这倒是取得了成功。我为了成立这个研究会而写了一篇文章，我的文集出版时，你可以在其中读到它。

　　至于防务上的问题，西班牙跟大不列颠已经打了几年仗，最后法国终于也加入到西班牙一方了。这使我们的处境十分险恶。托马斯州长曾经力图要州议会通过一个军备案以及一些措施来保障本州的安全，他不断努力去说服教友会，但是他的努力全然无效。我设法从人民中间征募义勇军，为了推行这件事，我首先撰写发表了一本小册子，名为《明显的真理》。在这本小册子里，我着重说明我们毫无防备的情形，指出征集和训练军队的急迫性，并且拟定在几天之内组织义勇军团队，广泛征求民众签名来加强国防。这本小册子产生了意想不到的效果。人们向我要入队志愿书，我就跟几个朋友商订了一个志愿书草样；人们请我发起组织大会，我就在前面提过的大会堂里召集了一个市民会议，会堂挤满了民众。我预先印好了许多志愿书，又在会堂各处预备了笔墨。我先是高声宣读了主题，介绍了志愿书的项目并加以解释，然后就分发出去。大家踊跃地在志愿书上签名，一点异议也没有。

散会时，我们把志愿书收集了起来，一共征集了 1200 多名队员。另外加上分发到其他各地去的志愿书，申请的人数达到 1 万以上。这些人立即自备枪械，自行组织成中队和联队，选举出自己的长官，每周集会一次，进行执枪训练或者其他军事训练。妇女们集资购买了绸制军旗，赠予团部，上面标有不同的队标，还写着口号。这些队标和口号都是由我拟定的。

组成费城联队的各级军官选举我做联队司令官，但是我认为自己并不够资格，便谢绝了这个职位，推荐了劳伦斯先生。他品德高尚，又是社会名流，有很高的地位，于是就名正言顺地成为了司令官。接着，我提议发行奖券，集资在城南修建炮台并装配大炮。资金很快就凑足了，炮台不日也落成了，炮座是用圆木搭起来的，中间填上泥土。我们从波士顿买来了几尊旧炮，可是数量还是不够，我们就写信到英国去订购，同时请求业主的援助，虽然我们并没有心存多少奢望。

与此同时，团队委派我和劳伦斯团长、威廉·爱伦先生、艾布拉姆·泰勒先生一起到纽约去向克林顿州长借几尊大炮。起初，他坚决地拒绝了我们，但他和参事共同出席了晚宴，按照当时那里的习俗，他们喝了不少马德拉葡萄酒，他的态度开始渐渐软化了，说愿意借给我们 6 尊。又满满地喝了几杯以后，他把数目增加到 10 尊，到了最后，他很高兴地答应让给我们 18 尊。他借给我们的全是质地优良的上等炮，发射 18 磅的炮弹，并且还附送炮架。没多久，我们就把它们运回来装在了我们的炮台上。在战争期间，我们每夜在炮台上放哨守望，我像普通士兵那样按时轮班值勤。

我的活动能力受到了州长和参事的赞许。他们把我当作了知心朋友，凡有要事他们总是喜欢听听我的建议，询问我应当采取什么措施。为了获得宗教的支援，我建议他们宣布一个祈祷日，祈求上帝祝福我们的事业。他们很欢迎这个建议，但是在宾夕法尼亚州以前没有举行过祈祷日，秘书找不到前例可援，不知道应当怎样起草文告。刚好我在新英格兰期间这种祈祷日每年都有，我在那里受的教育派上了用场。于是，我按照传统的格式草拟了一篇通告，又译成德文，用两种文字向全州公布，这就给予各教派的牧师一个机会去鼓励他们的会众加入联队。如果不是战事很快就结束了，也许各教派都会广泛地参加联队。

七、与教友会的博弈

我的朋友们担心我从事这些活动会触犯教友会，而教友会在州议会中势力很大，也许我会因此失去在宾夕法尼亚州议会的地位。这个时候有一个年轻绅士，在议会里也有一些朋友，他想要把我挤走以便继任州议会的秘书。他对我说，议员们已经决定在下次选举时把我免职，他善意地劝我辞职，说辞职总归比罢退要体面些。我的回答是："我曾经听说有个政治家有一条原则：绝不谋求职位，但是别人请他任职，他也从不拒绝接受。"我又说："我赞成他的立场，而且我还会增加小小的一点：我绝不请求职位，绝不拒绝职位，同时，也绝不辞职。假如他们把我的职位委与另外一个人，他们可以把我免职。但是我绝不拱手相让，而且我也一定会在适当的时候向对手回击。"此后我再没听到这类话。在下一次选举中，我又一次毫无异议地当选，像往常一样全体通过。历任州长和参事会在军事准备问题上一向和州议会看法相左，州议会对这些问题非常头疼。议员们不喜欢我跟参事们过从较密，他们想要我自动离开他们，他们不愿意仅仅因为我热心团练就把我免职，但是除此之外又找不到其他理由。

实际上，我相信加强国防、成立防卫部队一事，州议会当中的任何人都不会反对的，只是不一定能得到他们的积极协助罢了。我发现很多人虽然反对侵略性战争，但是并不反对防御性战事，这种人比我预料得多得多。关于国防这个问题发表了许多小册子，有一些赞成国防的小册子却是一些优秀的教友会教徒写的。我相信大多数年轻的教友会教徒都是可以被说服的。

消防队里发生了一件事，使我能够洞察到教友会的一些想法。为了资助炮台的建筑，有人提议用现存的约60镑的资金购买彩票。根据我们的规章，动用款项后必须在建议提出的下一届会议中通过才被允许，消防队一共有30名会员，其中22名是教友会教友，仅仅8个会员属于其他教派。我们8个人准时出席了会议，虽然我们知道有一些教友会教友将站在我们这一边，但是我们对能不能获得多数通过其实是毫无把握的。当场只有1名教友会教友——詹姆斯·莫里斯先生——反对提出的议案。他表示深为惋惜，他说这个提案会引起争执，所有教友会教友都将反对，那么这场纷争或许会导致消防队的解散。我们告诉他不至于到那种程度，我们是少数，如果教友会反对这个议案，那么投票结果将是教友会获胜，按照规程我们必须服从多数，我们也理当如此。后来，讨论议案的时候，有人提议进行最后表决。詹姆斯·莫里斯先生承认按照规矩应该即时表决，但是他料定有一些会员是打算出席反对此事的，应该准许延迟一点时间等他们列席投票，这样的结果才公平。正当我们争论时，一个侍者跑过来告诉我有两位绅士在楼下等我谈话。我跑下去看，原来是消防队的两个教友会会员。他们告诉我有8位教友会会员此时正在附近的一家酒馆里，假如有必要的话，他们可以过来投赞成票，但是他们并不希望发生这样尴尬的情况。假如我们可以不需要他们就通过议案，他们希望我们不要叫他们协助，若是他们投票赞成而和别的教友唱反调，长者和朋友也许会责难他们。

就这样，形势变得对我有利了，这一措施获得通过的把握已经很大了。我回到楼上，假装踌躇了一会，然后同意延迟一个小时。莫里斯先生对这个决定满意极了。令他乐极生悲的是，他料想中投反对票的朋友一个也没有来，这使他非常诧异。一小时后，我们以 8 比 1 的绝对多数通过了这一决议。在 22 个教友会教友中，13 人缺席，其实也就意味着他们不愿意投票反对，8 个愿意给我们投赞成票，那么我估计真正的比例仅仅是可怜的 1 比 21。缺席的人都是教友会的忠实信徒，在会里声誉颇好，也都知道这次会议的议程。

有一位德高望重、博学多才的教友会教友，名叫洛根，他写了一封公开信给教友会教友，表态赞成自卫战，言之有理，持之有据。他给我 60 镑购买炮台奖券，并且嘱咐如果彩票中奖，奖金也要全部捐献给修建炮台的工程。他给我讲了一段关于他的老主人威廉·佩恩先生的故事。洛根年轻的时候，作为秘书跟着业主威廉·佩恩从英国渡海来到美洲。刚巧处于战争时期，一只全副武装的船紧紧地追赶着他们的船。他们以为这是一艘敌船。船长准备发起抵抗，但是告诉威廉·佩恩和他的随从不用他们协助，乘客可以躲到舱里。大家都下去了，只有洛根一人宁愿留在甲板上，船长命令他据守一尊炮。后来发现假想中的敌船其实是一艘友船，并没有发生战斗。当这位小秘书跑下船舱报告好消息时，他的主人严厉地责备他不应该留在甲板上，参加船的保卫工作违反教友会的教规，何况船长也并没有要求他这样做。威廉·佩恩当着大众的面责骂他，惹怒了洛根，他说："我是你的仆人，你为什么不命令我下来呢？情势危急的时候，我看你倒很愿意我留在上面打那艘军舰呢！"

我参加州议会已经有好多年了，其中的成员绝大多数都是教友会教友。我总有机会看到国王命令他们通过军事补助金时，他们进退维谷的尴尬样子，这是因为他们反对战争。每当这种时候，他们不愿意得罪英王政府，不能直截了当地拒绝拨款；但在另一方面，他们也不愿意触怒教友会的大多数教友，以违反原则的代价来顺从国王的意旨，所以他们不断地想出各种各样的理由来推脱，实在无法推诿，非顺从不可时，他们又得假装听从，想出各种掩耳盗铃的方法。最常用的方法通常是在"供英王之用"的名义下通过拨款，但从不过问该款的具体用途。

假如要求拨款的命令不是直接由国王颁布下来的，这个法子就不灵了，他们就得另外想出一些花样来。比如新英格兰政府缺乏火药，请求宾夕法尼亚拨一些发给他们（我想是路易斯堡守备之用），于是托马斯州长极力催促州议会加紧援助，但是火药是战争的要素，州议会不愿意拨钱购买火药，他们驴唇不对马嘴地拨款 3000 镑援助新英格兰，款项交给州长支配，但却是作为购买面粉、小麦和其他颗粒物之用。也有些参事不愿意就此了事，他们会劝州长不接受这笔款项，因为它不符合一开始的要求，但是州长回答说："我选择接受这笔钱，因为我很了解它的意义。所谓其他颗粒物就是火药。"于是他用这笔专款购买了火药，议会也听之任之。

在我们消防队，每当担心购买奖券的议案无法获得支持的时候，我就想到这件事。我对朋友辛格说："假如我们的提议通不过，我们就转而提议购买一架救火机，教友会肯定不会反对这样的提议，然后你就提我的名，我提你的名，组成委员会购买机器，买一尊火炮，这也确实是一架火机呀。"（原文是"fire-engine"，一般译为"救火机"，但从字面解释也可译为"火机"）辛格说："你在州议会里耳濡目染得久了，也有了进步。你这狡猾的计划简直可以和他们的'粮食或其他颗粒物'媲美了。"

一直以来，教友会都把反对一切战争作为他们的一项基本原则坚持并发扬了下来，尽管他们后来调整了主张，但是这些原则已经公开存在，并且推行已久，基本不可能轻易地推翻。这样一来就产生了许多进退两难的情况，这让我想起了一件德国浸礼会的事情，他们就采取了一种慎重严谨的态度。在这个教派成立之初，我就认识了它的一个创办人迈克尔·韦尔费厄。他向我诉苦说，其他教派的狂热信徒常常无故诬告他们，说他们的一些信条和行为令人憎恶，其实这完全就是无理取闹。我安慰他说："新成立的教派常有这事，最好是把你们的信条和教义公布一下，这些无耻谰言自然无处遁形。"他说："这话也曾经有人提出过，但是大家不同意。"他接着说："在我们教派草创之初，蒙上帝之惠，我们发现许多过去认为是真理的教条实在是谬误，与之相反我们过去认为一定是错误的东西却实在是真理。上帝在指引着我们前进，我们的原则在不断地优化，我们的错误在不断地减少。但是正因如此，我们更不敢断言我们已经登峰造极，我们在心灵和神学方面的知识还不能说尽善尽美。我们担心一旦把信条公布，就会慢慢发觉受到它的约束和限制，并可能会禁锢我们，让我们不再愿意加以改进。我们的子孙会更加如此。从历史教训中看，他们会认为他们的长辈和创立人的遗训是神圣不可侵犯的，是应当恪守不渝的。"

一个教派这样谦逊，恐怕是人类历史上绝无仅有的吧！其他教派总是以为自己获得了全部真理，认为持有不同见解的人是完全错误的。像一个人在大雾弥漫的时候赶路，在他前方的人，他看上去好像完全沉浸在大雾中，在他后面和在两边田野里的人也是如此，但在他近旁的一切好像很清晰，但实际上他跟其他人一样都在大雾中。为了避免这种进退维谷的窘境，近年来越来越多的教友会教友辞去了州议会和政府中的职位，宁可放弃他们的权力，也不愿在原则上妥协。

八、发明"开炉"，创立宾大

原本应该按时间的顺序先讲下面的事。1742 年，我发明了"开炉"，思路是把冷空气在进炉时就烘热，这样一来就可以更好地保持房间的温暖，同时还能保证节省燃料。设计完成以后，我制造了一个模型送给我的一个老朋友罗伯特·格莱斯。他是一家炼铁厂的厂主，他发现买这种火炉的人越来越多，相应的，制造这种火炉的铁板获利很厚。为了推广销路，我撰写了一本小册子，定名为《宾夕法尼亚火炉说明书》，在小册子里特别说明我的火炉的构造和使用方法，证明它超出其他取暖方法的优点，驳斥反对使用这种火炉的论调。这本小册子发行后效果特别好，托马斯州长非常喜欢书中介绍的这种火炉的结构，他甚至提议授予我若干年专卖权。但是我没有接受这个好意，因为我心里一向有一个原则：如果说别人的发明给我们提供了巨大的便利，那么我们自己也应该乐于给别人做出我们的贡献，最好是无偿地慷慨地把我们的发明贡献给他人。

但是，伦敦的一个铁器商人从我的小册子里窃取了许多想法，改装出自己的东西，作了一些小的调整——而实际上这些变动降低了火炉的效力——然后他在伦敦取得了专利，据说，他还因此发了一笔小小的横财。这不是唯一的剽窃我专利权的例子。虽然他们不一定都能获得成功，但不管怎样我都不会跟他们争执，我自己本来就没想利用专卖权来获利，而且我更讨厌争吵。这种火炉广泛推行，不管是在宾夕法尼亚州或是附近的殖民地，给居民节约了大量的柴火，这就够了。

和约的签立意味着战争结束了，团练的工作也告一段落，我的精力开始转到开办学院这件事上去。第一步是邀请朋友中的一些积极分子参加这个计划，其中有相当数量热心公益的人都是讲读俱乐部的社员；第二步是编写和发表一本小册子《关于宾夕法尼亚青年教育的建议》。我把它们免费赠送给居民中有地位的人，等到我认为他们已经读过这本小册子，在思想上有了准备的时候，我就着手为开办和维持这所学院举行募捐。捐款采用了分期缴款的办法，在5年内分5次缴纳。我考虑这样做可以使得捐款总数大一些。事实上也的确如此，最后认捐总数不下5000镑。

在小册子的序言里，我并没有把这个想法说成是自己的主意，而是把倡议人这个名头归给几位有公益心的绅士。按照惯例，我尽可能地避免把自己当作公益事业的发起人公布出去。

为了尽快地落实这个计划，我们从捐款人中间推选了 21 位理事，又指定了我和当时的首席检察官弗朗西斯先生共同为这所学院起草了一个行政规程。这个规程拟订好之后，校舍正好也竣工了，教师也聘请好了，于是就在当年，也就是 1749 年，学校开学了。

学生的人数不断地增加，之前的校舍很快就不够用了，我们四处物色位置适中的地皮，打算修建校舍。在这个节骨眼上上帝赐给了我们一所现成的大厦，只要稍加修改，就会非常适用。这就是上面提到过的怀特菲尔德牧师的教众们出资修建起来的大教堂。

我们获得这所大厦倒也花了一番心思。因为这所大教堂是由许多不同教派的人共同出资修建起来的，委托了专门的保管委员会来打理。从一开始，他们就不许任何教派占有优势，唯恐以后有人利用这种优势违反修建这所教堂的初衷，把整所房屋拨给某一教派单独使用。于是，他们从每一个教派中推选出一个人组成了理事会，包括一个英格兰会教徒，一个长老会教徒，一个浸礼会教徒，一个摩拉维亚教徒等等。如果理事中有因死亡而产生的空缺，就从捐款人中再推选一人补上。碰巧摩拉维亚派理事与其他理事不和，在他死后理事会决定不再选这个教派的人担任理事，于是问题就变成了选举新理事时怎样才能避免一个教派有两个理事。

理事们提出了几个候选人的名字，但是都因为这个原因未能通过，终于有一个理事提出了我的名字，他的理由是我是一个诚实的人，又不属于任何教派。这一下就说服了其他理事，于是大家推选了我。而当年修建教堂时的那股热情早就烟消云散了，理事会无法觅得新的捐款来交付地租和当初欠下的债务，十分窘迫。于是我成了两个理事会的理事，一个是教堂的理事，一个是学院的理事，我有一个很好的身份能够同时跟两方面协商，最后达成了一项协议。教堂的理事会把教堂让给学院理事会，后者需要接受债务，并遵照修建教堂的本意，永远在教堂里留出一大间以备教徒们的不时之需，还要开办一所免费教育贫苦儿童的义务学校。双方按照这个意向签订合同，学院理事会付清了债款就接管了房产。

我们把高大的教堂分成两层，每层又隔出若干房间作为教室。另外又买了一点地，不久，校舍就满足了我们的需要，学生开始搬进大楼。一切诸如与工人订合同、采购物资、监督工程的活都落在了我肩上，但是我倒很乐意承担这些工作，特别是它们其实并没有妨碍我自己的业务，因为一年之前我就已经跟任劳任怨、勤勉诚实的戴维·霍尔先生合了伙。他之前已经为我做了 4 年，我非常了解他的性格。我让他管理印刷所的一切工作，他按时付给我应得的红利，而我自己得以抽身。这次合伙持续了 18 年之久，从始至终一直非常顺利，双方共赢互惠。

过了一段时间，学院理事会向州长申请到了一张执照，学院正式划归州政府，经费也因为英国的募集捐款和业主的捐助土地而有所增加，州议会又追拨了几次经费，这样通过多方支持就成了现今的宾夕法尼亚大学。我从一开始就是理事，至今快 40 年了。我看到许多青年在大学里受到教育，学有所长，因卓越才能著称于世，在社会上成了有用之材，为国增光，于民有益，我感到莫大的快慰。

如上所述，我摆脱了私人业务的限制，自认为已经获得了一笔足够的财产，虽然数目很有限，仅算得上中产，但是已经足够使我的余生获得空闲时间从事哲理的探讨，欢度晚年。

我购买了斯宾斯博士的所有仪器，他是从英国来这里讲学的科学家。我很快就带着极大的乐趣开始了电学试验。但是现在公众以为我是有闲阶级了，就抓住我为他们服务，政府的各部门几乎同时要我听命效劳，担任一些职务。州长让我维护治安；市政府选我做市议会议员，不久以后又选我为市参议员；全体人民又选我为州议员，在州议会中代表他们。后面那个职位我很乐意去做，因为我对于枯坐一旁听别人辩论，早已感到厌倦。做为州议会的秘书，我不能参加辩论，而这些辩论又是如此枯燥无味，我不得不在纸上信笔涂鸦，画画数字方阵、圆圈或是任何东西来自娱解闷。同时我认为当了州议员，可以作出更大的贡献。我绝不是说我对这一切荣誉无动于衷，我当然感到很光荣，因为考虑到我低微的出身，享有这样的地位已经十分了不起了，使我特别感到高兴的是，这些升迁是社会对我的一种自发的称赞，完全不是靠我自己钻营得来的。

我稍稍做了一些治安方面的事务，出了几次庭，也开庭听人诉讼，但是我发现像我这样只懂得肤浅民法知识的半吊子，是远远不能胜任这个工作的，因此我逐渐淡出这一职务，托词是自己必须在州议会中履行议员的职责。我每年当选州议员，连续达 10 年之久，我从不曾请求任何选举人投我的票，也从不直接或间接地表达我要求当选的愿望。在我当州议员时，我的儿子当了州议会的秘书。

第二年，我们与印第安人在卡莱尔谈判，州长给州议会来函，建议州议会指定几位议员，和市参事会中的一部分官员共同组成谈判委员会。州议会指定了我和议长诺利斯先生，我们奉命到卡莱尔会见印第安人。

印第安人极其好酒，每次喝醉了酒又会变得十分吵闹，无法无天，不守秩序，所以我们严格地禁止把任何酒类卖给他们。他们对禁酒大加抱怨。我们对他们说，如果谈判期间能够不喝酒，谈判结束后我们愿意送给他们大量甜酒。他们答应了，也履行了诺言，其实他们也根本买不到酒。谈判推进得平稳有序，结果也让双方都很满意。谈判结束后，他们要求甜酒，我们就满足了他们。

就在当天下午，在城外临时修筑的排成四方形的木屋里，他们男女老少一共大概有 100 人开始了狂欢。到傍晚的时候，我们听到人声嘈杂，委员们就跑到城外去看个究竟。我们看到他们在广场的中央点起了一堆巨大的篝火，男男女女全喝得酩酊大醉，互相争吵殴打。在暗淡的篝火之下隐约可以看出他们半裸的淡黑色身躯，互相追逐着，竟然还挥舞着火把，伴随着口中可怕的喊叫声，这种情景像极了想象中的地狱。喧嚣经久不息，一点也没有平息下来的意思，我们只好回到自己的寓所去了。午夜时分，几个印第安人跑来敲我们的门，急促猛烈得像打雷一样，他们想要更多的甜酒，我们没有理睬他们。

次日，他们发觉扰乱我们不对，派了三位年老的酋长向我们道歉。他们承认自己的错误，但是把错误推到甜酒身上，接着又企图宽宥甜酒说："创造万物的大神使得万物各有其用，既然神指定某种东西有特定的用途，不管这用途是什么，那东西就应当按照这用途来使用。当神创造甜酒时，神说，'这酒是给印第安人喝醉用的'，所以我们就必须执行神的旨意。"的确，如果上帝的旨意是要消灭这些野蛮人好给文明人让出地方，那么很可能甜酒就是上帝指定的方法了，它已经消灭了所有居住在沿海的部落了。

九、建立募捐体制

1751 年，我的好友托马斯·邦德医生想要在费城开办一所公益性质的医院，收容和治疗穷苦无依的病人（人们把这个计划归功于我，实际上是他首倡的），而且对本州居民和外地人一视同仁。他热诚而积极地为这个计划募捐，但是这个提议在美洲从未有过。起先人们不很理解，他的努力收效甚微。

后来他到我这儿来，恭维我说，他发现实现任何一个公益事业，没有我参加是不行的。他说："我去向人募捐的时候，人们总是要问我：'你跟富兰克林商谈过这件事没有？他怎么说？'而当我告诉他们没有跟你谈过时，他们就拒绝捐款，只说会考虑一下。"我问了他这个计划的性质和带来的结果，他的解答令我非常满意。我不但自己捐了钱，而且热心地开始计划募捐。不过在这之前，我先是发表了有关这一计划的文章，以便给人们一个思想准备。这个做法对我来说是一种惯例，但是这位医生却忽略了这一点。

在这之后，人们的捐款明显比先前踊跃了，然而人们的热情消退之后，捐款又变得越来越少，州议会若不加以援助，光靠捐款肯定是不够的。因此我主张申请州议会津贴，我们也这样做了。乡间议员们起初并不支持这个计划，他们提出异议，觉得这个医院只对城里人有益，所以也理所当然应该完全由市民出资开办，他们也怀疑究竟市民自己是否赞成这个计划。我和他们的看法正相反，认为这个计划会受到市民普遍的欢迎，我们能够毫无压力地募到 2000 镑捐款，而他们认为我的估计是大放卫星，根本不可能兑现。

我想了个办法，首先向州议会提出一个议案，请求按照捐款人的要求把他们组成一个社团并给予一定津贴。如果州议会不赞成他们完全可以否决掉这个议案。为了加大我的力度，我在金额栏留了一个空缺，并且把一个条件拟成一条重要的条款，"经本议会决定，捐款人需组织起来，选出理事和会计，募集基金若干（此基金的年息专门供给贫困病人，他们的伙食、看护、诊治和医药全部免费），一旦募集够规定金额并能提交适当证明，州议会议长需依法命令州金库付给医院 2000 英镑，每年一次，两年付清，用以创办、装修、修葺医院。"

这一条件帮助议案获得通过，因为原先反对拨款的议员认为，他们可以不费分文地赢得慈善家的好声名，所以就赞成了。此后，我们竭力强调议会承认的有附加条件的承诺，这让人们更乐于捐助，因为每人的捐款将增值成双倍，这样一来这个附带条件在两方面都起了作用。捐款总数不久就超过了规定的必需数目，我们提出要求并顺利获得了政府津贴，帮助我们实现了原来的计划。我们建造了一所舒适又美观的大楼。此后长期的运营证明这样的医院是有益的，直到今日它还很兴旺。在我毕生的政治策划中，没有哪一桩事情的成功能让我感到这么快乐，也没有哪一桩事情能让在我回想起当时用过的不那么光彩的手段时，更容易原谅自己。

同一时期，另一个倡议人，尊敬的吉尔伯特·坦南特牧师来看我，请我帮他募捐兴建一所新的教堂供他召集长老会教徒集会使用，他们原先是怀特菲尔德先生的信徒。我坚决拒绝了他的请求，因为我不愿意过于频繁地向市民们募捐，如此做法会让他们对我不满。他又转而要我提供一份名单，列举我认为乐善好施、热心公益的人。但是这样的人已经出于同情而答应过我的请求，捐出了款，假如我反倒把他们指出来让他们再受其他募捐人员的纠缠，那我就太恩将仇报了。出于这样的考虑，我拒绝向他提供名单。

后来他要求我给他一些忠告。"这个我倒非常乐意。首先，我劝你先向那些你确定一定会出钱的人募捐，然后向那些你不确信会不会捐钱的人募捐，并把已经捐了钱的人的名单给他们看，最后尝试你认为肯定不愿出钱的人，因为你可能会看错某些人。"他笑着向我道了谢，并说愿意接受我的方法。他还真的这样做了，向每一个人募捐，结果是他募集到的总数比他的预期多出了很大一笔。他真的修建了位于拱门街的那座宏伟而华贵的大教堂。

十、市政建设

费城的规划美观整齐，街道既宽又直，并且相互交错成直角。然而不幸的是这些街道路面年久失修，每逢阴雨，笨重的马车轮就会把街道翻碾成泥池，泥泞不堪，让人举步维艰；而晴天则又尘土飞扬，直冲口鼻。我曾住在泽西街附近，市民在购买食物时跋涉污泥中的情形，让我感到不舒服。后来市场中央的一长条地段终于铺上了砖，市民们一到市场就可以脚踏实地了，但是市场外面的街道依然泥泞不堪，人们走到市场那里的时候早已满靴的污泥了。我呼吁此事，也曾为它写过文章，后来终于把市场到住宅的一段街道也铺上了石板。有了这条路，人们得以不弄脏鞋子就顺利地到达市场。但是其他地方还是没有铺，每当马车从泥路跑上石路，车上的泥土就会震动下来，摔在石板上，用不了多久石路上也罩满了泥块，这些泥不易去除，而且也没有人会去清除，要知道这个时候费城还没有清道夫呢！

　　经过一番走访和努力，我找到了一个贫穷而又勤劳的人，他愿意做清道工作，每周清理两次并且把每家门前的垃圾收走，每家每月付6便士。敲定之后，我就写了一张传单，把它印出来，说明这笔小小的费用可以得到诸多的好处，比如人们鞋上带进来的泥土必然会减少，家里就更容易弄干净了；街道清洁了，顾客也更愿意走出家门到店铺看看，顾客增多自然可以增加商店的营业额；刮风的时候，尘沙不致吹到货物上去等等。我给每家分发一张传单，一两天后再跑到每家去访问，询问究竟有多少人愿意签订合同支付这6便士。大家毫无例外地签了合同，这个计划进行得异常顺利。全市居民都看到了市场附近的清洁，这便利了大家，所有人都感到高兴。这件事促使人们纷纷想把所有街道都修铺起来，而他们也愿意为铺路而交一点点钱。

　　在这个契机的驱使下，我起草了一个修铺街道的议案，在州议会中提了出来。这件事发生在1757年我动身去英国之前，我离开美洲后议案才获通过。在估定金额方面作了一些小变动，我认为这些变动是不好的，但是最后通过的议案还附有关于路灯的条款，这倒是一个很好的补充改动。已故的约翰·克利夫敦先生曾经把一盏灯装在家门口，用实际行动证实了路灯的效用，人们从他的实例中直观地接受了让全城光明的念头。有人把这项公益的荣誉归功于我，其实这是属于这位普普通通又富有爱心的好市民的。我只是模仿了他，在改进路灯的形状方面有点小功而已。

伦敦买来的球形路灯有不少缺点：空气不能从下面进去，所以烟煤不能迅速地从上面散去，只能在圆球内打转；煤尘黏附在球壁上，不久就阻挡了路灯的光芒，需要频繁擦拭灯罩，而且灯罩很容易就破了，整个路灯就无用了。改进后的路灯有所不同，我们用四块平玻璃拼接成灯罩，即使偶然碰损，一般也只敲破一块玻璃，重配起来方便多了。灯罩上方装一个长烟囱方便烟气上升，灯下开一道缝隙以便空气钻进去以促进煤烟气流的循环。这样，灯罩就可以长期保持干净，不至于几小时就昏暗无光了。

伦敦沃克斯霍尔地区的球状灯底部有开孔来保证清洁，我很奇怪为什么其他伦敦市民想不到在他们的路灯底下也开上几个孔。其实他们的路灯底下也有小孔，但是这些孔洞另有用途，那就是为了让麻线穿过这些孔洞悬挂下来，引火时可以迅速地传递到灯芯。至于加速空气流通的作用，他们好像并没有想到，于是，伦敦街道常常是暗淡无光的。

我曾观察过伦敦的街道，天晴的时候从来没有人打扫，尘土随风飘扬，听凭自然沉积起来，一下雨尘土就和成了稀泥浆，满街泥泞，无法涉足，只能沿着穷人用扫帚开辟出来的小道勉强前行，穿越街道都成了无法想象的事情。扫除掉这些淤泥是很费力的，人们花很大气力把泥浆耙起来，倒进上端敞开的马车。但是马车在马路上颠簸时，车身两侧又会震下烂泥来，掉在路上，使路人感到烦恼。伦敦市民所以不扫除街上的尘土，据说是因为怕扬起尘土飞进商店和住宅的窗户。

后来，一件偶然的事情使我知道原来扫街花不了多少时间。一天早晨，我在克莱文街住所的门口，看见一个穷苦的妇人用一把桦树扫帚扫门前的人行道，她看上去好像大病初愈的样子，脸色苍白，身体虚弱。我问她谁雇她来扫街，她说："谁也没雇用我，但是我穷苦不堪，在富贵人家门前扫地是指望他们能施舍我一点东西。"我告诉她把整条街扫干净，就可以给她 1 先令。这时是 9 点钟，到 12 点钟的时候她来要钱了。起初我看她动作很迟缓，根本不相信那么快就能做完。我派仆人去检查了一下，结果他回来报告说整条街扫得干干净净，所有尘土都扫到路中央的明沟中了。后来，一场雨就把尘土冲走了，整条街都十分清洁。

假如一个虚弱的妇人都可以在 3 小时内彻底扫完一条街，那么一个强壮敏捷的男子只要一半的时间就可以办到。我又注意到，在狭窄的街道中，与其在两边靠近人行道处各挖一条明沟，不如在街道中央开一条阴沟更加便利。当街上的全部雨水从两边集中到中央时，就能形成一股急流，有更大的力量冲洗掉它裹挟的全部泥土。如果把它分成两股，水势就会很弱，无力冲洗掉两边的泥土，反而使泥浆更加稀烂，车轮和马蹄又会把它泼溅到人行道上，使得人行道肮脏湿滑，运气不好的时候还会溅到路人身上。我立刻想起了福瑟吉尔博士，他是我认识的人中最优秀的人，也是公益事业的伟大首创者。我向这位善良的博士提出了如下的建议：

为了更有效地打扫和保持伦敦与威斯敏斯特的街道清洁，建议雇用保洁员，晴天扫除泥尘，雨季清理泥浆。每名保洁员负责巡逻几条街道，自行置备扫帚和其他清道用具，放置在固定的位置，以备他们雇用的穷人扫街使用。

在夏季干燥时，按惯例在商店开始营业和居民开窗户之前，将垃圾集到一起，隔适当距离堆好，由清道夫用密闭的车子将其运走。

把集在一起的泥土不能堆积在街上，否则车轮和马蹄又会将它们散播开去。清道夫应备好专用车辆，车身不要高高地装在车轮上，而应该低低地装在滑盘上。车底是网格式的，铺上稻草，保证倒入污泥后，水分可以从底下排出，这样泥浆的分量也会大大减轻。车辆放置在距离适当的地方，装上手推车运来的泥浆，停留在原处直到水分排干再用马匹拖走。

　　这个建议的后半部分是否切实可行，我还有点担心。因为有些街道很狭窄，泥车放在那里必然要占去太多的空间，导致阻塞交通，但是我保留前半部分，主张在商店营业前扫清街道、运走垃圾。这在夏天是很容易办到的，因为夏天昼长夜短。有一天早晨7点钟，我路过伦敦河滨街和舰队街，此时天早已经亮了，太阳也出来3个多小时了，可是还没有一家店铺开门。伦敦的市民宁愿在烛光下生活，在阳光下睡觉，可是在另一方面，他们又总是抱怨烛税太高，烛价太贵，真可笑。

　　有人以为这些小事不值得留心和讨论。虽然在刮风的时候，灰尘吹进一个人的眼睛或是一家店铺确实是小事，但是假如考虑到在人口稠密的城市里有千千万万的人和店铺受到灰尘的袭击，再考虑这些袭击的持续性，他们就会觉察到这件事的重要性了，也就不会过分地非难那些关注这些似乎微不足道的事的人了。促成人类幸福的不是千载难逢的巨大幸运，而是每天改进的生活细节。所以说你要是能教会一个贫穷的年轻人自己修面，保养他的剃刀，你对他一生幸福所作的贡献远比给他1000个金币还要大。钱很快就会花光，只留下了铺张的懊恨，但是教会他自己修面，他就可以免去等待理发师的麻烦，也能避免理发师可能肮脏的手指，难闻的气味，锈钝的剃刀。他可以拣自己最适宜的时间，天天享受锋利剃刀修面的快感。想起这种感受，我冒昧地写下前面这几页，希望它们能提供一些启发性的东西。我已经在这个城市里快乐地居住了许多年，我希望能给它乃至美洲的其他城市作一点贡献。

　　我曾被美洲邮政总长委任为监察员，管理若干邮政分局并监督邮局职员。1753年总长过世了，我和威廉·亨特一同被英国邮政总长委任为美洲邮政总长，在这以前美洲的邮局从没有向英国邮局上缴过利润，如果我们可以使邮局盈利的话，我们两人就可以在纯利润中支取600镑的年薪。为了达到这一目标，我们做了许多改进，有几项在初期免不了要先花钱，所以在开始的4年中，邮局欠了我们900多镑的薪金。但是接下来不久，邮局就有能力付清我们的欠薪。当英王政府的大臣们异想天开地把我免职时，我们向英王政府上缴的净收益是爱尔兰邮局的3倍之多。而自从他们莽撞地把我免职以后，再也没收到哪怕一分钱。

因为邮局的事务，我在这一年到新英格兰去旅行了一趟。剑桥大学主动赠予我文学硕士学位，康涅狄格州的耶鲁大学以前也授予过我一个类似的学位。就这样，虽然我没有受过大学教育，却获得了大学的荣誉。这些学位的赠予是因为我在物理和电学方面的改进和发明。

十一、奥尔巴尼计划

1754年，与法国开战的危机又出现了。商务大臣命令各殖民地代表在奥尔巴尼举行大会，会同印第安人"六族人"的酋长共同商讨防御国境的问题。汉密尔顿州长在接到命令之后，通知州议会，并请州议会提供合适的礼品，以备在开会时赠送给印第安人。州长提议由我和诺利斯议长，偕同托马斯·佩恩先生和秘书彼得斯先生组成宾夕法尼亚代表团。州议会通过了这个名单，预备了礼品，虽然他们并不太喜欢款待外省人。我们和其他代表团大约6月中旬在奥尔巴尼集会。

在赴会途中，我根据国防和别的重要目的的需要拟订了一个计划，把各殖民地联合在一个共同政府之下。经过纽约时，我把计划给詹姆斯·亚历山大和肯尼迪先生看。这两位绅士对于公共事务颇有研究。他们的赞同给了我信心，我就大胆地把计划在代表大会上提了出来。

当时有好几个代表制订了类似的计划。我们首先需要讨论一个先决问题：究竟是否应该组织一个联邦。我们一致认为需要建立一个联邦，然后大会指定了一个委员会，一个殖民地派一名委员，专门审查关于联邦的各种计划和报告。委员会碰巧选择了我的计划，经过修改，我的计划报请州议会考虑采纳了。

在这个计划中，联邦政府将由总统一人管辖，总统由英王委任并受英王节制。各殖民地州议会的人民代表选举内阁成员。在代表大会上，代表们一面讨论着与印第安人协商防务的细节，一面讨论着这个计划。大家提出了许多种不同的意见，但最终还是求同存异，一致通过了这个计划，并把抄本寄送到商务部和各州议会。这个计划的结局很奇特：各州议会不赞成它，因为它们认为联邦政府的特权太大，但是英国方面却又认为这个联邦政府太过民主。商务部不赞成，更没有提请英王批准。我的计划和支撑的理由可以在我的政治论文集中找到。有人提出了另一个计划，据说它更符合实情：由各州州长和部分参事共同商量练兵和修建炮台的事情，所需费用由英国垫付，事后由议会向美洲殖民地征税偿还。

那年冬天我住在波士顿，跟雪利州长进行过好几次讨论。我们之间的部分谈话也可以在我的政治论文集中找到。人们用不同的，甚至是相反的理由反对我，这使我猜想它可能还真是一个折中的办法。到现在我依然认为假如当年采纳了这一计划，对大西洋两岸都有好处。按照这个计划联合起来，殖民地就有了足够的自卫能力，也就不需要英国驻军了，当然也就没有后来向美洲征税的借口了，由税率引发的流血斗争也都可以避免了。但是这种过错并不是绝无仅有的，历史上有许许多多国家和帝王都犯过类似的错误：

环顾四海，能够看清自己的人有多少？
看清以后，能够奋起直追的人又有多少？

治国的人事务繁忙，大概都不喜欢考虑和执行新的计划。因此最优秀的议案往往不是经过富于远见的深思熟虑后被采纳的，而是由于时势所迫勉强接受的。

当宾夕法尼亚州长把我的计划送交州议会时，他认为"这一计划判断精确，言之有理，持之有据，值得州议会最认真地考虑"。但是我恰好缺席，有一位议员使用了一个狡猾的策略，使州议会完全不加注意就马马虎虎地否定了它。这种手段鬼鬼祟祟，完全不正派，我对这个结果感到万分遗憾。

这一年我去波士顿旅行时，在纽约遇见了新州长莫里斯先生，他刚从英国来，以前我就跟他很熟。莫里斯奉命接替前州长汉密尔顿先生，后者因为受了业主命令的约束不可避免地与州议会发生了争执，心生厌倦而辞了职。莫里斯先生问我，他是否也会像前任州长一样处境困难，办事坎坷。我说："不，相反的，如果你留心不跟州议会发生争辩，你的处境可以一帆风顺，称心如意。"他愉快地说："我的朋友，你怎么能劝我避免争辩呢？你知道我喜欢跟人争辩，争辩是我一生中最大的快乐。但是，为了表示我尊重你的劝告，我保证尽可能地避免争辩。"他的确爱好争辩，这倒也不是完全没有理由的，因为他能言善辩，是一个精明的辩论家，一般总是胜利的一方。他在这方面从小就训练有素，据说他的父亲饭后坐在桌旁，最喜欢让孩子们互相争辩作为饭后的消遣，但是我不以为然。以我所见，凡是喜欢争论、解释和辩驳的人总是倒霉的。尽管有时候他们能获得胜利，可是人们也对他们心生厌恶，获得人们的好意相待对他们比胜利更有用。他要去费城，我要到波士顿，我们就此作别。

归途中，我在纽约看到了州议会的决议案，从这些决议案看，尽管他向我做了保证，他和州议会的关系还是已经十分恶劣了。在他任职期间，他和州议会一直是你枪我刀，不断斗争。我也卷入了这场斗争，因为我一回到州议会，他们就要我加入各种各样的委员会。每到驳复州长的演说和咨文时，委员会总要我来起草这些文件。这些答复和他的咨文常常尖酸刻薄，有时竟会出现粗鄙的谩骂。他明知道这些答复是我写的，人们想当然地以为我们见面时难免要唇枪舌剑一番，但是他却是一个忠厚的人，我们两人之间并没有因这些争执而引起个人的嫌隙，相反的，我们还常常在一起吃饭呢！

有一天下午，我们在公务上的争吵已经无法调和，我恰巧在街上碰到了他。他说："咱们一块儿到我家去消磨一个晚上。我有一些朋友要来，你会喜欢他们的。"他挽着我的胳臂，领我到他家。饭后，我们一面喝着酒，一面愉快地聊天。他开玩笑地对我们说，他很喜欢桑乔·潘查的意见，有人提议叫他做国王时，他请求统治黑奴，因为如果他和他的人民意见不合，他大可以把他们卖掉了事。他的一个朋友说："富兰克林，你为什么始终偏袒这些该死的教友会教友？你把他们卖了，不是更好吗？我们的业主愿意高价收购！"我说："州长还没有把他们涂得够黑呢！"新州长确实在所有的咨文中竭尽其能地想把州议会涂成漆黑一团，但是州长刚把黑色涂上，州议会便会尽力把它擦去，然后回敬给他，涂在他的脸上。所以当他发现自己快变成黑人的时候，他像汉密尔顿一样，对于这种争执感到厌倦而辞职了。

这些公务上的争执的根源其实是业主，他们是我们世袭的统治者。每当为了防御他们的领地而需要负担费用时，他们的吝啬小气令人恼火，他们严令代理人不让征收捐税的议案成为法令，除非在同一法令中明文规定他们的财产获得豁免。他们甚至要他们的代表签约遵守这样的命令。州议会连续 3 年坚决反对这种非正义行为，最后还是不得不屈服了。最后，继任莫里斯州长的丹尼上校终于大胆地拒绝执行这些命令。那件事是怎么发生的，我会在后面说明。

我讲得太快了，在莫里斯州长任内，还有几件事需要提一提。我们和法国在实质上已经交战了，1755 年马萨诸塞州准备进攻王冠岬，派昆西先生到宾夕法尼亚，波纳尔先生（后来成为州长）到纽约去求援。我是州议员，熟悉议会里的情况，另一方面我又是昆西的同乡，所以他要我利用我的地位帮助他。我口授了他向州议会的申请，这篇演讲反响良好。州议会通过了一万镑的援助，用以购买粮食。但是州长拒绝批准议案（议案中还包括另一笔给英王的津贴），除非议案中加入一条，豁免业主需要缴纳的税款。虽然州议会很愿意他们对新英格兰的援助能够达成，但是他们不知道应当如何说服州长。昆西先生努力敦促州长批准，但是他固执己见。

于是我提出了一个不需要州长过问也能办到的方法——用债券向贷款局支钱。依照法律，州议会有权开这笔债券。事实上，贷款局当时也没有多少存款，因此我提议这些债券可以在一年内兑现，并且负担5厘的利息。用这些债券就可以顺利地购到粮食了。州议会毫不犹豫地采纳了我的建议。债券立即印制了，而我是指定签发债券的委员之一。收回债券的经费是当时全州纸币贷款的利息和消费税的收入，用这两者收回债券很明显是绰绰有余的，因此这笔债券立即得到了人们的信任。许多人手边有闲钱就把钱投到这些债券上。他们发现这种投资很有利，因为这些债券有利息，在任何时候它们都可以当作现金使用。这些债券全部被抢光了，几个星期便销售一空。用我的方法，这件大事算是顺利完成了。在昆西致州议会的措辞文雅的备忘录中，他表示了谢意，为自己的使命圆满完成而感到兴高采烈。他一直和我保持着深厚诚挚的友谊。

十二、协助布雷多克将军

英国政府不肯允许各殖民地按照奥尔巴尼建议联合起来，更不愿意让这个联邦拥有自己的国防，唯恐殖民地武装力量因此过分强大，唤醒殖民地自己的力量。这时候英国政府对殖民地已经有了猜疑和忌妒,因此派布雷多克将军带领两个联队的英国正规军队渡海来美洲作为驻防军。他在弗吉尼亚的亚历山大里亚登陆,向马里兰的弗立得里克进军,在这里驻扎下来,等候辎重。州议会听说将军对州议会有很大的成见,以为州议会会反对他的军队从事防务,所以希望我以邮务总长的身份,而不是以议会的名义去疏通一下,另外顺便递交他与几个州州长之间的紧急电文,这些电文要能做到最迅捷又最稳妥,因为他和州长们需要保持通信。议会答应他们负担邮递费用,我儿子也陪我参加了这次行动。

我们在弗立得里克镇见到了将军,他很焦急地等待副官们回来,他派他们遍访马里兰和弗吉尼亚的边陲地区以征集车辆。我跟他在一起呆了好几天,每天一同进餐,有很多机会解除他的偏见。我告诉他为了帮助他作战,州议会在他到达前已经预备协助他的军事行动,现在依然愿意尽力相助。正在我准备回来的时候,征集运货马车的统计数字送来了,只有 25 辆,其中有些还是破旧不堪的。将军和他的副官们惊惶失措,认为这次远征完蛋了,任务无法完成了。他们怒骂英国政府愚昧无知地让他们在缺乏运输工具的地带登陆,他们需要至少150 辆运货马车才能载动粮食和行李。

碰巧我无意中说了句,可惜没在宾夕法尼亚登陆,在那里几乎每一户农家都有运货马车。将军马上抓住我这句话:"先生,你在那里是一个有地位的人,也许你能够帮我们设法搞到车子,我恳请你承办这件事。"我问他愿意给马车主人怎样的报酬,他就要我把必需的报酬写在纸上,他同意这个标准,于是马上准备了委托书和通告。我一到兰开斯特马上登了一个广告,把报酬清清楚楚地列在广告里。这个广告产生了巨大的效应,真是一个有趣的通告,我将原文转载如下:

通　告

　　兹因英王陛下的军队即将在威尔港集结，需要150辆运货马车，每辆配马四匹，另需1500匹鞍马或驮马，布雷多克将军授权我订立雇用上述车马的合同。谨此通知，即日起到下星期三晚上将在兰开斯特，下星期四上午到星期五晚上为止在约克办理此事。租用费用如下：

　　一、备有4匹马和一名车夫的马车，每日每辆15先令，配有马鞍的健壮马匹，每日每匹两先令。没有配备马鞍的健壮马匹，每日每匹18便士。

　　二、各种车马的租费一律从加入威尔港部队之日起计算。车辆马匹必须在5月20日以前到威尔港部队报到。除了规定的租金以外，将给予适当的补贴补偿往返的旅途。

　　三、每一辆马车和每一匹鞍马或驮马应由我和物主共同选定的公正人士估价，假如任何车辆、马匹在军役中遗失，应照价赔偿。

　　四、在订合同时，如有急需，物主可向我预支7天的租金，余款将由布雷多克将军或军需官在解雇时或按照需要在其他时候支付。

　　五、在任何情形下决不命车夫或照料马匹的马夫履行兵士的职务或其他照料车马以外的工作。

　　六、凡由马车或马匹运抵军营的一切燕麦、玉蜀黍或其他饲料，除饲养马匹必需用量以外，概由军队按照合理价格加以收购，以供军用。

　　备注——我的儿子威廉·富兰克林有权在坎伯兰州与任何人订立此类合同。

本杰明·富兰克林

1755年4月26日　兰开斯特

致兰开斯特、约克和坎伯兰州居民书

朋友们、同胞们：

我偶然到弗立得里克军营住了几日，发现将军和军官们因为缺乏马匹和车辆，十分恼怒。他们本以为宾夕法尼亚州最有能力供给，期待本州提供这些便利，但是由于州长和州议会意见不合，既没有拨款，又没有采取其他任何措施。

有人提议派遣一支武装力量进入本州各郡，按照需要强占必要数量的车辆和马匹，并强征必要数量的人民入伍，驾驭和照料车辆和马匹。

我忧虑英国士兵一旦真的带着如此使命进入本州各郡，特别是考虑到他们当前的愤怒和对我们的怨恨，将使居民遭受许许多多巨大的损失。因此我更愿意不辞辛劳，用公平合理的方法来解决此事。本州边缘地区的居民曾向州议会诉苦说缺少充足的现金，现在你们有机会可以分享一笔相当巨大的现金。假如这次征讨持续到 120 天的话（说不定还会更长），租用这些车辆和马匹的租费会超过 3 万镑，他们将用英王的金币银币来支付这些租金。

这个工作是轻松容易的，这支军队一天走不上 20 英里。运货马车和搬运行李的马匹运输的东西是军队必需的，所以必须跟着部队走，不能走得太快，并且不论在行军或扎营时，即便是为了军队自身，这些车马也会被停放到最安全的地方。

如果你们真是英王陛下善良忠实的臣民，现在你们有了一个尽忠的机会，而且做起来也可以使得自己的生活舒适一点。若是因为忙于种植，因而不能单独提供 1 辆马车，4 匹马和 1 位车夫，三四家合起来也是可以的。一家出车，另一家出一匹或两匹马，另一家出一个车夫，收入按比例分摊。如果面对着这样优厚的待遇和合理的酬报，你们仍不肯主动地效忠报国，那么人们就会怀疑你们的忠心了。国王的任务必须完成。那么多勇敢的战士，千里迢迢来保卫你们，你们绝不应该放弃应尽的责任而袖手旁观；车辆和马匹是非有不可的军资，因此他们确有可能采取强制手段，到时你们将自食其果，而且很可能得不到同情和关心。

我没有私利可言，除了满足我行善的愿望以外，我只是尽自己的责任而已。假如这个办法不能获得所需的车辆和马匹，那么我只好在两星期内报告将军。轻骑兵约翰·圣克莱爵士会立刻带一队士兵到宾夕法尼亚找车马。这是我不忍看到的，我将感到十分遗憾，因为我是你们最真诚忠实的朋友。

本杰明·富兰克林

我从将军那里领到大概 800 镑，作为付给车主的预支租金，但是这笔钱还不够，我又垫付了 200 多镑。两星期后 150 辆马车和 259 匹马就启程向军营出发了。那广告一早就讲明如有车马损失，照估价赔偿。但是物主说，他们不认识布雷多克将军，他们也不知道他的诺言是否可靠，所以他们坚持要我亲自担保，于是我就担保了。

有一天晚上，我在军营里跟邓巴上校的军官们共进晚餐，邓巴上校告诉我他很怜惜自己的手下，这些军官们收入普遍不多，在这物价昂贵的地方，无力购买长征中必需的日用品，而这次长征又要经过大片旷无人烟的地区。我对他们表示了同情，决定设法替他们想些补救措施，但我并没有告诉他我的想法。第二天上午，我写了封信给一个有权支配一定额度公款的委员，真诚地希望他们考虑这些军官的困难处境，提议赠送给他们一些饮食和日用必需品。我儿子有一些军营生活的经验，知道军营里都需要什么，他就替我开列了一张单子附在信里。委员会不但同意了我的请求，而且极为卖力，办理得非常迅速，当宾夕法尼亚的马车队到达军营时，这些物资也由我儿子押运到了。共计20包，每包计有：

　　方糖6磅，上等黑砂糖6磅，上等绿茶1磅，上等咖啡6磅，巧克力6磅，上等饼干50磅，格罗斯特干酪1方，葡萄干6磅米6磅，上等牛油1小桶（20磅），马德拉白葡萄酒2打，牙买加酒2加仑，优等白酒醋1夸尔，上等熏腿2只，腌牛舌半打，胡椒半磅芥末1瓶。

　　这20个大包，包得好好的，放在20匹马上。每个包连同马送给一个军官。军官们收到这些礼物时感激再三，两个联队的上校都写信给我，表示衷心的感谢。将军看我替他租到了车辆也十分满意，马上还清了我的垫款，再三地向我道谢，并且要求我继续协助他，替他输送粮食。我也答应了下来，并且忙忙碌碌地采办着军粮，直到听到他败北的消息。我私人替他的军队垫付了1000镑以上，并寄了一张账单给他。幸亏在会战开始的前几天，他收到了这张账单，并且立即寄回来了一张1000镑的汇单，余数命令军需官并入下次账目，能够收回这笔款子真是太侥幸了，因为我永远没能收回余数，这件事后面还要提到。

十三、将军战败

　　我倒以为这位将军是一个真正勇敢的人，如果是在某些欧洲的战争中，他很可能成为一位优秀的军官。但是他太自负了，把正规军队的战斗力估计得过高，又把殖民地人民和印第安人估计得过低。我们的印第安语翻译乔治·克罗根带了100名印第安人加入了他的军队。这些印第安人，如果他好好地待他们，可以作为很好的向导、侦察兵，对军队大有用处，但是他看不起他们，怠慢他们，印第安人慢慢地都离开了。

有一天，我跟他谈话，他稍稍透露了一点进军的计划，他说："攻下杜肯要塞以后，直捣尼亚加，攻下尼亚加以后，如果气候适宜，继续进取弗伦特纳克。我想时间一定不会太晚，因为杜肯要塞阻拦不了三四天。杜肯要塞一拿下，我就不知道还有什么东西可以拦阻我进攻尼亚加了。"我很早就暗想，当他的军队在一条羊肠小道中进军时，他必然要把队伍拉得很长，这条小道可以被森林和丛林屏蔽阻断。而我曾经读到过，上一次有1500个侵入伊罗夸伊印第安人地区的法国人全军覆没，我有点怀疑，替这次出征捏了一把汗。但是我鼓足了全部勇气也只敢说："将军大人，您带着一支如此精良的部队，又配有这么多大炮，而杜肯要塞的防御工程尚未完成，听说驻军人数也不多，一定指日可待。但是我担心印第安人的埋伏可能会阻碍您的进军。印第安人对于埋伏训练有素，在掩护和偷袭方面也都是行家里手。您的行军行列必然拉得很长，估计几乎要有4英里之长，这样就可能遭受到从侧面的突击，被切成几段，被切断的部分不可能及时地相互支援。"

他笑我愚昧无知："的确，这些野蛮人对于你们那些未经训练的殖民地民兵可能是强敌，但是对于英王陛下久经训练的正规军，他们是微不足道的。"我想也许我没有资格跟一个军人争辩他专业上的问题，也就不再多说了。敌人也并没有像我所担心的那样乘机攻击漫长的队伍，他们让它继续前进，丝毫不加阻挠，一直到离目的地9英里的地方。当时，部队刚渡过河，先头部队停止前进等待着全军过河，所以部队比较集中，而且处在一块宽广的林间空地上，就在这里，敌人从树后和丛林后面用密集的火力向先头部队发起了进攻。

战斗已经打响了，将军才知道原来敌人近在咫尺。先头部队秩序大乱，将军马上催促大军上前援助，但是由于马车、行李和牲口的羁绊，队伍前进得十分紊乱。不久敌人又从侧面开了火。军官们因为骑在马上，是鲜明的靶子，成了众矢之的，很快就都倒下了。士兵们挤在一团，听不到军官们的号令，只是呆在那里盲目回击，直到他们当中三分之二的士兵都中弹而死。整个部队恐慌混乱，未死的人都落荒而逃了。

赶车的人从牲口中拉出马来，匆忙地逃走了。其他的人立即跟他们一样去做，所有的马车、粮食、大炮和军火全丢给了敌人。将军也受了伤，好容易才被救出来，秘书雪利先生在他的身边中弹而死。86名军官死伤了63人，1100名士兵阵亡了714名。这1100名士兵是全军的精锐，其余的部队留在后方归邓巴上校率领，原计划押运大量的军火、粮食和行李寻迹前进。好在逃走的士兵并没有受到追袭，他们逃到了邓巴的军营里，败逃的恐慌立即使邓巴上校和他的部下惊惶失措。虽然他现在还有1000多人，而击溃布雷多克的敌人总共也不会超过400名印第安人和法国人。这个懦弱的军官不但不挥师而上，一雪前耻，反而命令把全部粮食和弹药销毁，免受拖累，用这种自残的方式获得更多的马匹帮助他逃回殖民地。

弗吉尼亚、马里兰和宾夕法尼亚的州长们原来请求他把军队驻扎到边境，以便保护居民，但是他匆匆忙忙地继续撤退，一路退到费城，反过来期望那里的居民可以保护他，这样他才觉得自己安全了。这件事第一次使美洲殖民地的人民想到：我们对于英国正规军的勇敢无敌推崇备至，但是这种盲目崇拜是不是有根据呢？

在登陆后经过村落的第一次行军中，英国的军队就开始抢劫掳掠，他们的暴行使得一些穷苦的家庭完全破产。居民若敢违抗，侮辱、虐待和监禁就会接踵而至。这件事足够我们厌弃这种保卫者了，何况我们并不一定真需要人来保卫。这与法国人的行为是多么不同呀！法国人在1781年从罗德岛行军到弗吉尼亚，经过了人口最稠密的地区，在将近700英里的行军中秋毫无犯，没有一个人因失去一口猪、一只鸡，甚至一只苹果而抱怨过。

将军的副官奥姆上尉受了重伤，他跟将军一起被救了出来，并且继续跟他住在一起，直到几天后将军死亡为止。奥姆上尉告诉我，将军在第一天一句话也没有说，一直到夜里他才说："谁想得到呀！"第二天又沉默了，最后只是说："下一次我们就知道如何对付他们了。"在那之后几分钟他就死了。

　　秘书的文件包括将军的全部命令、命令和通信，一件不差地落入了敌人的手中，他们挑选了几件，翻译成法文印了出来，证明英国人在宣战前已经具有敌意。在这些发表的文件中，我看见了几封将军写给内阁的信，信中对于我向陆军提供的巨大服务赞誉备至，并把我推荐给他们。戴维·休姆几年以后做了赫特福德勋爵驻法公使的秘书，又在康威将军任国务大臣时，做了他的秘书。他说他在国务大臣的档案中看到了布雷多克的信件，极力地推荐我。但是因为这次出征失利，人们大概认为我的协助也没有多大的价值，这些推荐从未起到过什么作用。

　　将军本人曾准备酬谢我，我只要求了一件事，请他下令不要再征募我们的佣工，已经征募的也请他一并放回。他很爽快地应允了，也有几个佣工，经过我的申请重新归还给他们的主人。当军权落到邓巴手中时，他就没那么慷慨了。他退却逃奔到费城后，我请他放回兰开斯特三个被征募的佣工，同时提示他已故将军有关于这方面的命令。他保证，他的军队就要开到纽约去，几天之后他就会在屈伦顿了，如果他们的主人能到屈伦顿，他会在那里把佣工还给他们。于是这些农民不辞辛劳地跑到屈伦顿去，他却拒绝兑现他的诺言，这不但让农民们大受损失，而且大失所望。

　　关于车辆和马匹损失的消息普遍传开以后，所有的主人都向我索取赔偿。他们的要求使我大伤脑筋，我告诉他们赔偿的款项已经在军需官的手中了，但是付款的命令必须来自雪利将军，我向他们保证说我已经申请赔偿，但是因为将军在外省，我们不能立即得到复信，希望他们保持耐心。这番话并不能满足大家的要求，有人开始诉讼。最后还是雪利将军使我摆脱了这种可怕的处境，委派了几个委员来审查各人的要求并支付赔款。赔款总数差不多要 2 万镑，如果要我赔偿，铁定要倾家荡产。

在接到失利的消息之前，还有两位医生带着募捐册募捐，准备集资举办一次盛大的烟火晚会，给攻下杜肯要塞后的狂欢庆祝助兴。我面孔很严肃，我说我认为当确实知道需要狂欢庆祝时，再来筹备也不晚。他们好像很惊讶我没有立刻附和他们的建议。其中一个人说："你总不会认为打不下这个炮台吧？""我并没有认为这个炮台攻不下，但是我知道战争的胜败从来都难以预测。"我告诉他们我怀疑的理由，募捐也就此作罢，还好这帮助他们避免了一件懊丧的事。如果他们买了烟火，肯定悔恨交加！后来，邦德医生曾说，他可不喜欢富兰克林的凶兆感。

十四、西北防务

在布雷多克受到挫折之前，莫里斯州长不断地跟州议会纠缠，发出一封又一封信，企图强迫州议会通过州防经费，又不会增加业主的赋税。他否决了所有州议会的议案，只要是它们没有豁免业主财产的条款。当时的形势紧急，防卫要求更加迫切，他趁机加紧向州议会进攻，达到目的的希望也越来越大。但是，州议会也不甘示弱，他们相信正义属于他们，如果放任州长修改财政法案，他们的权力将受到严重的侵犯。

有一个议案，要求拨款 5 万镑，州长只建议修改一个字。原来的议案说："一切动产和不动产都要课税，业主的财产不视为例外。"州长把"不"改成了"需"，虽然只改了一个字，意义却天差地别。我们一直把州议会的答复寄给在英国的朋友。当军事失利的消息传到英国后，这些朋友一片哗然，指责业主不应该对他们的州长发出卑鄙的自私的命令。有人甚至说他们妨碍了州防，应该剥夺他们的权利。业主受到了舆论压力，甚为恐慌，就下令捐助 5000 镑，供议会拨发给州防之用。

州议会接受了这 5000 镑作为他们应缴捐税的代金，另拟了一个议案，附加了免税条文，这样议案就通过了。根据这个决议，我成了处理该项经费的委员之一，拨款共达 6 万镑。我积极地参与了议案的起草工作，尽力使它获得通过。同时，我起草了一个征召和训练民兵的议案，议案毫无阻力地获得通过，因为我们一直讨好教友会，给予教友会教友以自由。我还写了一篇答话录，尽我所能对一切反对组建民兵队的意见加以答复和驳斥。这篇回复和民兵法案刊登在《绅士》上（1756年 2 月、3 月号），产生了很大影响。

城乡的几个连队开始组织和训练的时候，我答应了州长的怂恿，接手了西北部边防。那里常有敌人侵扰，需要我训练团练，修建炮台，保卫居民。虽然我并不认为自己够格干这件事，但还是承担了下来，接受了全权委任状。他们给我一包空白的军官委任状，可以颁发给任何我认为合适的人。招募民兵倒没有什么大困难，轻轻松松地就招募了 560 名。我的儿子曾在上次攻打加拿大的军队中担任军官，于是他客串了我的副官，这对我很有帮助。印第安人焚毁了纳登赫特（一个摩拉维亚教友居住的村落），屠杀了当地的居民，但是我们还是认为这里是建筑炮台的一个好地点。

我在伯利恒集结了连队。伯利恒是摩拉维亚教友的主要聚居地。我们出乎意料地发现伯利恒的防御做得非常好，纳登赫特的毁灭令他们唇亡齿寒，主要的房屋都用栅栏防卫起来，又从纽约购买了枪支弹药，甚至还在高大的石头房子的窗户之间，放置了许多铺路石，准备派妇女们砸碎任何企图侵入的印第安人的脑袋。武装起来的教友们轮班看守,像任何一支驻防城市的守备队一样有条不紊地交替守卫。

在和主教斯潘根贝格的谈话中,我提到了自己的惊奇,因为我了解他们有议会的特许,豁免他们在殖民地的军役,我本以为他们不愿武装起来呢。他说不服兵役不是他们教派的教旨,在获得特许的情况下,人们想当然地认为这些信徒多数是反对兵役的。但是这一次,他们出乎意料地发现只有极少数人反对。看来他们不是欺骗了自己,就是欺骗了州议会,当然危机迫在眉睫,人们能够改变也是符合情理的。

当时正是1月初,我们着手修筑炮台。我派遣了一支队伍到地势较高的米尼辛克,保护那里并修建一个炮台,又派了另一支队伍带着类似的使命到较低的地区去。最后我自己带着其余的部队到纳登赫特去,在那里我们必须迅速地修建起一个炮台。摩拉维亚教友张罗了5辆运输马车,用以搬运工具、粮食、军火、行李等等。有11个农民被印第安人从自己的农场赶了出来。我们刚要从伯利恒开拔时,他们跑来找我,请求发给他们武器,让他们回去抢救牲口。我发给了他们枪和子弹。

我们还没有走出几英里,就下起雨来,整天不停,路边也没有避雨的地方。傍晚我们到了一个德国移民的家里,在他的仓房里紧紧地挤成一团,个个湿得像落汤鸡一样。幸亏我们在路上没有碰到敌人,因为我们的火器十分简陋,士兵也根本没办法让枪机不受潮。印第安人能想出巧妙的办法来保持枪机干燥,我们却束手无策。就在当天印第安人碰见了上面提到的11个可怜的农民,击毙了10个。那个虎口脱险的唯一幸存者说他和同伴的枪打不出去,枪管被雨淋湿了。

第二天天晴了,我们就继续前进,终于到达了荒无人烟的纳登赫特。附近有一个锯木厂,厂旁还垛着几堆木板,我们用这些木板造了些临时兵营。因为没有帐篷,又是如此严寒的季节,修建兵营是必需的。我们军队的第一件工作是埋葬留在那里的尸首,乡民只是把它们草草掩埋了事。

第二天上午，绘好了炮台的施工图纸，选择好了台基，炮台周围共长455英尺，这意味着需要455根栅栏，每根栅栏由直径1英尺的树干制成，紧密地排列起来。我们总共有70把斧头，于是立即动手伐木，我们的士兵都是伐木能手，所以效率很高。当两个人开始砍伐一棵松树时，我就好奇地计时，不出6分钟他们就能把巨树砍倒在地，那棵树直径足有14英寸，一棵松树就可制成3根长18英尺的栅栏，栅栏的一端还需要削尖。伐木工作进行时，其他的士兵在台基四周挖出了深达3英尺的壕沟，以便把栅栏插入土中。我们把马车的车身拆开，分开前后车轴，前后轮各成一体，这样我们就有了10辆马车，由2匹马拖拉，把栅栏从森林运到工地。当栅栏立好以后，我们的木工在圈内用木板搭了一圈支架，离地约有6英尺高，这样人们就可以站在上面透过枪眼向外射击。我们仅有的一门旋转炮，架在一角，一装妥我们就马上开炮，让印第安人知道我们也是有大炮的（假如他们有幸听到的话）。尽管整整一周每隔一天就大雨倾盆，士兵们几乎无法正常工作，我们的炮台——假如我们简陋的栅栏对得起这样雄伟的称呼的话——还是勉强竣工了。

　　从这个经历中我发现，人们有工作时会非常满足，因为工作的时候，他们安静而愉快，完成了整整1天的工作之后，他们的晚间也可以消磨得很快。但是在空闲的日子，人们变得烦躁不安，争吵不息，挑剔伙食，不断地发脾气。这使我想起一个船长来，他管理船只的办法就是让水手们持续不断地工作。有一次他的大副说，他们的工作全做完了，再也找不到什么工作叫他们做了，他说："哦，那就叫他们刷锚吧。"

　　尽管炮台简陋寒酸，但是用来抵御没有大炮的印第安人已经绰绰有余了。我们算是站稳了脚，哪怕进攻失利，我们也有据点可退了。我们大胆地搜索邻近地区，虽然没有找到印第安人，但是我们在附近小山上发现了他们窥探我们行动的藏身之处。这些地方有一种巧妙的装置，值得一提。此时正是冬季，印第安人也需要烤火，但是如果在地面上生普通的火，人们老远就能发现火光，他们就暴露位置了。因此他们掘了直径约 3 英尺深 3 英尺多的洞。他们从森林里烧焦的木头边上砍下木炭来，用这些木炭在洞底生起小火。我们还发现他们上半身躺在地洞四周草地上留下的痕迹，他们的腿挂在洞里以保持足部温暖，这一点在寒冷的天气里是十分必要的。用这种方法生火，敌人看不到火光，甚至看不到烟，因此他们也就不会被发现。看起来他们人数并不多，似乎他们探得了我们的人数，知道袭击也没有把握取胜。

我们热心的长老会牧师比蒂先生充当随军牧师，他抱怨说，士兵们普遍不参加祈祷，更不听他的训诫。他们应征时，除了军饷和伙食，我们还答应每天给他们一及耳甜酒，我们按时分发，早晚各半。士兵们领酒喝倒是十分守时。因此，我跟比蒂说："作为一名牧师，要你去管理甜酒或许有点屈尊，不过如果把祈祷调到发酒之前，他们就都会来了。"他觉得这个办法不错，接受了这个职位，指派了几个人帮他斟酒。事情比预想得还要顺利，祈祷会从未像这样座无虚席，按时不误。我一向认为与其用军法处罚那些不参加礼拜仪式的人，倒不如用这种方法更加妥当。

我在炮台里贮备了充足的粮食。基本工作刚刚告一段落，就接到了州长的一封来信，告诉我他已经召集了州议会，如果形势不需要我继续留守的话，我最好去参加会议，州议会的朋友也来信劝我回去。现在，我的三个炮台已经修建完毕了，居民们在炮台的保护下也可以安心地留在自己的农场里了，我决定回去。更令人高兴的是新英格兰的克拉彭上校刚巧来访问，他对于同印第安人战斗颇有经验，并且答应担任指挥官的职务。我给他一张委任状，在检阅驻军时向全军宣读，并把他介绍给全体士兵，我认为他比我更适合做指挥官。讲了一些劝勉的话以后，我就离开了。他们护送我到伯利恒，我在那里小住了几天，以消除疲劳。当我第一夜睡在舒适的大床上时，简直无法入睡，这与裹着一条毯子睡在纳登赫特木屋的地板上简直是天壤之别。

逗留伯利恒期间，我稍稍了解了一下摩拉维亚教友的风俗。有几个摩拉维亚教友一直陪着我，所有的摩拉维亚教友都对我十分客气。我发现他们实行共产，吃集体伙食，睡集体宿舍。我在宿舍里看到在靠近天花板的墙上每隔一定距离开一个气孔。我猜想这些气孔是为了流通空气，开在上端是很合适的。我还参加了他们的礼拜，听到了优美的音乐，十分开心，他们用提琴、箫、横笛、竖笛等乐器来伴奏风琴。

他们讲道时，并不像我们平常那样对着男女老少全体会众讲，他们有时候召集已婚的男子，有时候召集已婚的女子，有时又是未婚青年男子、未婚青年女子和儿童的分头集会。我曾有幸听过他们向儿童说教，男孩子由一个青年男子（他们的导师）带领，女孩子由一个青年妇女带领，进入会场，依次坐在凳子上。所讲内容很适合他们的年龄阶段，讲演者用一种亲切愉快的口吻，仿佛诱哄他们做乖孩子。孩子们纪律很好，但是面色苍白，好像健康状况不是很好。我猜想他们是被关在屋子里的时间太长了，或是运动太少了。

我打听了摩拉维亚的婚姻习惯，想弄清楚他们是不是像传说那样用抽签来决定配偶。他们告诉我只是在特殊情况下才用抽签来决定。一般情况下，当一个青年男子打算结婚时，他就告诉班上的长辈，长辈再跟管理青年女子的老年妇女商量，这些男女长辈对于各自的学生性情脾气都很熟悉，最有资格判断谁配谁最合适。正常情况下，男女双方总是同意他们的决定，但是也有很特别的情况，比如他们认为有两三个青年女子都同样地适合一个青年男子，就会使用抽签的办法。我表达了自己的反对意见，如果婚姻不是由当事人自愿选择，他们当中可能有人会感到不幸福。那人回答说："就是让当事人自己选择，他们也可能会不幸福。"这一点的确无可否认。

回到费城以后，发现团练的事情进行得很顺利，居民中除了教友会教友几乎全部加入了进来。他们按照新法律自行组成了许多中队，选出了上校、中尉和少尉。邦德博士也来访问我，告诉我他在宣扬团练法律方面做的努力，并且说这种努力有了重大成果。在这以前我以为这条法律的通过应该全归功于我的努力，但是不管他做得对与不对，我还是让他继续保持良好的自我感觉吧。处理这种情况，这是最好的办法了。

团练的军官们开会，选举我做团长，我欣然接受了。我记不住当时一共组织了多少部队，但是我记得我们举行过一次由 1200 名雄赳赳的战士参加的列队游行，还有一中队的炮兵，编配 6 门铜质野战炮，他们使用这种野战炮十分纯熟，一分钟能发 12 炮。在我第一次检阅队伍后，炮兵们护送我到家，坚持要在家门口放几个礼炮，向我致敬，炮声把我电学仪器上的几块玻璃震下来摔碎了。事实上，我的新荣誉也跟这些玻璃差不多脆弱，不久以后英国政府废除了团练法，我的军衔也随之被撤销了。

在我充当团长的短短时间内，我有一次准备去弗吉尼亚旅行，团队中的军官认为应当护送我出城直到下费里，这样才符合我的身份。我正在上马时，他们三四十人，全体骑着马穿着军服来到门前。当时我一无所知，否则我会加以劝阻的，因为我生性不喜欢在任何场合出风头。他们的出现，让我十分懊恨，我又不好阻止他们。更糟的是，当我们开始出发时，他们拔出了指挥刀，一路上举刀前进。有人为这件事写了一个报告传给业主，他大为不快。他在宾夕法尼亚州时，都从来没有受过这样隆重的礼遇，他的州长们也从未享受过同等的敬意。他声称只有皇室亲王才配受这样的敬礼。这也许是真的，但是我并不知道。无论是过去还是现在，我在礼节方面都是外行。

但是这种无谓的爱戴却大大地增加了业主对我的敌意。我在州议会中有关财产免税方面的言论，早已经招致了他的仇恨。我一直激烈地反对业主的免税政策，而且严厉地斥责他在要求特权时所表现的卑鄙无耻。他向内阁控告我，说我是妨碍英王军务的罪魁祸首，说我利用在州议会中的势力反对筹款法案。他还把我跟军官们列队游行的事作为例证，说明我企图使用武力夺取宾州政权，甚至还请求邮务总长埃弗拉德·福克纳爵士罢黜我的职务，但是他白费唇舌，只获得了埃弗拉德爵士一个委婉的劝告而已。

尽管州长与州议会间不断发生龃龉，作为一个议员，我在争论中不可避免地起着很大的作用，但是我与州长仍然保持着谦恭有礼的友谊，我们之间从未有过私人的嫌隙。有时候，我想他所以没有对我抱怨或者说很少抱怨，可能是一种职业性的习惯，因为大家都知道对他的复文是由我执笔的。他受过律师的训练，也许他潜意识里以为我们只是诉讼双方的律师而已，他代表业主，而我代表州议会。有时候他会到我家做一次友好的访问，求教我对一些问题的意见，偶尔也肯接受我的劝告，虽然并不常有。

我们协同为布雷多克的部队采购粮食。当惨败的可怕消息到达后，州长十万火急地召见我，共同商谈阻止边陲城镇居民逃亡的办法。我记不清当时提出了什么建议，但是我曾经建议他给邓巴将军写信，希望他能驻军边境，保护当地居民，等到各殖民地的援兵一到，他还可以继续征伐。等到我从边境回来，他也可以要我带领宾州的军队出征，去攻取杜肯要塞。邓巴的部队忙于攻打其他地区，他提议任命我为将军。我知道自己的军事才能并没有他想象的那么好，他的推荐超过了我能胜任的范畴，但也许他认为利用我的名望能更好地征召士兵，而我在州议会中的势力也有助于州议会拨款支付军饷，或许还可以豁免业主的税。当他发现我并不像他预料的那样热衷于此的时候，这一计划就被抛弃了。不久他离职了，继任者是丹尼上校。

十五、科学成果

在继续叙述我在新州长任内从事的政治活动之前，不能漏掉叙述我在学术研究方面蒸蒸日上的声誉。

1746 年，我在波士顿遇见了斯宾斯博士，他当时刚从苏格兰来。他做给我看一些电气试验，虽然他的技术不很熟练，这些试验做得也不完美，但这是个很新鲜的东西，令我又惊又喜。回到费城不久，我们的订阅图书馆就从伦敦皇家协会的科林森先生那里收到了一根玻璃管赠品，附有说明书。我立即乘机重复在波士顿看到的实验。经过多次练习以后，我也能很迅速熟练地做那些英国寄来的书报中介绍的实验了，我自己还发明了几个新的实验。我说我进行了多次练习并不夸张，因为那段时间我家经常客满，人们聚集起来看这些新奇的玩意儿。

为了让大家都有条件做类似的实验，我叫玻璃厂吹制了几根类似的玻璃管，这样，朋友们也有了做实验的设备。到了后来我们就有了好几个做实验的表演者了，其中科金纳斯利先生最热衷于此。他是我的邻居，很有才能，由于他当时正失业，我就鼓励他表演实验来赚钱，并且还撰写了两篇演讲稿，介绍实验的先后顺序、原理，帮助观察者由浅入深、从已知到未知地领悟科学。为了这个目的他购买了一套漂亮考究的仪器，以前我自己制造的粗糙的小零件，现在都被仪器制造商做得很精致了。听他演讲的人很多，听了也大为过瘾。过了一些时候，他周游各殖民地，在主要城镇表演实验，因此赚了一些钱。后来到西印度群岛的时候，由于空气异常潮湿，表演实验殊为不易。

由于科林森先生赠送给我们玻璃管和其他一些实验工具，我们很是感激，所以我觉得我应当告诉他我们自己的实验获得的成就，就给他写了几封信，报告我们做的实验。他在皇家学会上宣读了我的报告，皇家学会起初以为这些报告没有重大价值，不值得在他们的社刊中发表。我曾经给科金纳斯利写了一篇论文《论闪电与电相同》，并把这篇论文寄给了我的一个朋友米切尔博士，他也是皇家学会的会员。他告诉我论文在学会中宣读时，受到了那些行家的嘲笑。

但是有人把这些论文给福瑟吉尔博士看，他却认为很有价值，不应被埋没，他建议把它们印出来。后来科林森先生把它们交给凯夫，要他在他的《绅士》上发表。但是凯夫决定做成小册子单独发表，由福瑟吉尔博士写了篇序。凯夫的算盘打对了，我后来陆续又寄去了一些文章，这本论文集最终变成了一本4开本的大厚册，总共出了5版，他却没付一点稿费。

这些论文起初在英国并未引起广泛的注意。一直到一个偶然的机缘，一位驰名欧洲的科学家看到了这本论文集，马上敦促达利巴尔先生把它译成法文，在巴黎出版。法文版的发行却激怒了皇家科学家诺莱。他是一个能干的实验科学家，在以前发表过当时非常流行的《电气原理》一书。他起初根本不相信这些论文是从美洲来的，他说这肯定是他的论敌为了贬损他而在巴黎捏造出来的。直到后来，他才确信在费城真有一个叫富兰克林的人存在。他写了许多信，甚至发表了一大册信件，这些信主要是写给我的。在信里他替自己的学说辩护，否认我实验结论的真实性。

我也曾经有意回复这位皇家科学家，而且已经写好了一个开头，但是转念一想，我的论文讲述了实验方法，任何人都可以照此试验，如果实验不能重复，辩解又有什么说服力呢。再者，论文里的结论本就是以推断的口吻写下的，并不是主观武断的教条，所以我根本就没有必要辩解。同时，我想到我们两人使用不同的语言，我们之间的争辩必然会出现翻译上的错误，由误译引起相互间的误解。诺莱就有一封信因为译述的错误产生误解，而对我发起了攻击。因此我决定不去辩解，与其替已经做过的实验辩解，不如用省出的时间做新的实验。我从没回复过诺莱先生的信，后来我的朋友、皇家科学协会会员勃罗伊先生站出来为我辩护，驳斥了他的论点。我的论文集译成了意大利文、德文、拉丁文，书中的理论也逐渐地为欧洲的科学家普遍采纳，他们抛弃了诺莱的学说，以至于诺莱在死前目睹了自己学说的末日，只剩下巴黎的邦德先生一个忠实弟子。

我提出的一个实验使我的书受到了人们的热烈推崇。这个实验的目的是把云中的电引到地面来，试验者是达利巴尔和德罗尔，地点在马莱。这件事轰动一时，闻名遐迩。德罗尔先生有一个实验室，也讲授实验科学，他着手重复所谓的费城实验，后来在国王和王后面前表演，巴黎全城好奇的人蜂拥而至。关于这个实验以及不久以后我在费城用风筝做的一个类似的实验（实验获得成功让我无限快慰），我就不再赘言了，这两件事凡是电学史的书都会记载。

一个叫做赖特的英国外科医生，在巴黎的时候写信给他的一个皇家学会的朋友，告诉他国外的学术界非常重视我的实验，他们不理解为什么我的著作在英国反而默默无闻。从这时起，皇家学会才考虑起以前宣读过的信件。负有盛名的立特森博士把我的一切有关电气的文章做了一个扼要的报告，并对我赞扬备至。这个报告后来发表在他们的内刊上。一些在伦敦的会员，特别是睿智的坎顿先生，都证实了用一个锐器可以把云端的电引下来，他们也把结果报告给了皇家学会。不久皇家学会就改变了初期对我的忽视，给我以厚待，没用我申请，他们就自动地选举我为皇家学会会员，并且豁免我缴纳例行的入会费，入会费是 25 个金币，此后他们也一直免费赠送我他们的内刊。后来，他们还给我颁发了 1753 年度的戈弗雷·科普利爵士金质奖章，在颁发奖章的典礼上，会长麦克莱斯菲尔特勋爵还发表了一篇非常客气的演说，给我很多赞誉。

十六、出使英国，纽约被扣

皇家学会的奖章由新州长丹尼上尉替我捎回费城来了，在为他举行的招待会上，他把奖章正式转送给我。他对我表达了他的敬意，措辞十分殷勤，并说对我的品德闻名已久。那时有一个习惯，饭后大家要喝一点酒，这个时候他把我引到另外一间屋里，告诉我他英国的朋友劝他跟我交往，他们说我能够给他最好的忠告，最能够协助他执政，因此他愿与我友好相处；他告诉我任何时候他都愿意尽力为我效劳，还传达了许多业主对宾夕法尼亚州的良好期待。他说如果公众能够放弃长期存在的对业主的反抗，业主与公众之间能够言归于好的话，所有人，特别是我个人都能从中获利。他说大家认为能够促成这种形势的人非我莫属，我还可以从中获得丰厚的酬劳和报答。饮酒的人见我们迟迟不回到餐桌旁去，叫人送来了一瓶白葡萄酒。州长大喝起来，喝得愈多，恳求和许愿也就愈多了。

我回答他说，感谢上帝，我的经济状况还很好，不需要业主的任何恩赐。同时，作为一名议员，我也不能接受业主的任何赏赐。但是，我和业主之间不存在个人的嫌隙，只要他提出的措施符合人民的利益，我一定会比别人更热烈地拥护和赞助。我过去所以反对他是由于他只考虑业主提出的措施，显然只为业主的利益服务，严重地损害了广大民众的利益。我感激州长的好意，也将尽我的力量使他的执政尽可能地一帆风顺，但同时我也希望他不会像前任那样带着不幸的指示而来，这种指示曾经使他的前任束手无策。

他没有什么反应，但是后来当他开始与州议会办事时，料想中的矛盾又出现了，双方的争执一如既往，我也还像过去一样地积极抵制。

第一次要求新州长把业主指示通知州议会的请求就是我起草的，后来的意见也是我执笔的。这两个文件可以在当时的决议案和发表的历史记录中找到。庆幸的是，我们之间并没有任何私人的嫌隙和不快。我们常常见面。他是一个学者，到过世界的许多地方，谈吐风趣动人。也是他第一个告诉我，老朋友詹姆斯·劳夫还活着，他已经被认为是英国最卓越的政论家，在腓特烈亲王和国王的纠纷中被雇用，至今还有每年 300 镑的薪俸。但是与他少年时的梦想相背的，他作为一名诗人的声誉实在微不足道，蒲柏在《敦西亚得》中还曾经诋毁过他的诗，不过同时也承认他的散文是一流的。

州议会终于发现业主执迷不悟地坚持把州长当作传话筒，这些指示不但违反民众的利益，而且对英王的事务也有妨害，因此州议会决定向英王控告他们，选定我为代理人去英国请愿，进行诉讼。在这之前，州议会曾经向州长发出一个议案，拨款 6 万镑为英王使用，其中 1 万镑由当时的将军劳登勋爵支配，但是州长按照业主的指示坚决地拒绝批准。

我跟发往纽约的邮船的船长莫里斯商定好坐他的船，行李和食物已经送上船，这时劳登勋爵忽然到费城来了，据他说是特意来替州长和州议会调解的，使英王的军务不至于因为这些分歧遭受阻碍。他要求我和州长跟他会面，让他听到双方的陈述。我们也就见了面，共同讨论了这个问题。我代表州议会提出了政府文件中指出的各种理由，这些文件是我起草的，保存在州议会的纪录里。州长则用业主的指示来辩护，他说他曾经发誓遵守业主的指示，如果他违背了这些指示，他就什么都完了。但是听口气，如果劳登勋爵表态，劝他可以不遵守指示的话，他似乎并不是不肯冒险一试，但劳登勋爵却不肯劝他。我极力怂恿他，有时候我以为我几乎已经说服他了，但是最后他还是决定敦促州议会顺从州长的意志，他恳求我利用州议会中的势力来达到这个目的，并声称无力分出英王的军队保卫我们的边境，如果我们自己依然不做防御准备，边境就很容易遭受敌人的袭击。

我把经过报告给议会，提出了我起草的一系列议案，议案申明我们的权利，表示我们决不放弃这种权利。这一次为暴力所逼，我们只是暂时停止行使这种权利，我们对这种暴力提出抗议。最后州议会同意收回原来的议案，另外通过了一个符合业主指示的议案。这个议案州长当然批准了，我也就可以接着出国去了。但是，那只邮船已经载着我的行李开走了，我唯一的酬劳是劳登勋爵感谢我的几句话，而调解的功劳却全是他的。

他在我之前动身到纽约去了，因为邮船出发的时间本就是由他安排的。此时有两艘船在港内，他说其中一只不久就要起锚。我请他告诉我确切日期，使我不至于因为调停的耽搁而误了船期，他回答说："我已经布告它将于下星期六起锚，但是我可以告诉你——你不能告诉别人——你在星期一上午到达码头还来得及，但是千万不能再晚了。"由于渡船上发生了意外故障，当我到达时已经是星期一的中午了，因为这天是顺风，我一路担忧船已经开走了。还好，不久我就听到了它还在港内的消息，而且要第二天才会起锚，我就放心了。

大家也许以为我马上就可以去欧洲了，连我自己也这样想，但是我太不了解劳登勋爵了，优柔寡断是他性格中最大的弱点。我举几个例子，我到纽约是4月初，而直到6月底我们还没起锚。当时有两艘邮船停在港内已经很久了，但是为了等待将军的信，竟然把这两艘邮船扣住了，他总是说信件第二天就可以写好。后来另外一艘邮船来了，也被扣留住了。在我们真正起锚之前，第四艘邮船都快要来了。我们的那艘船最先起锚，它留在港内也最久。所有船只的舱位都定好了，有些旅客十分焦急地盼望动身，商人为自己的信件担忧，为他们秋季货物保险的申请单焦急（当时是战时），但是他们的焦虑毫无用处，劳登勋爵的信还没有写好，去拜访他的人却看见他整日伏在案头，手里握着笔，似乎要写的东西无穷无尽。

有一天上午，我去拜访他，我在会客室里看到了从费城来的一个叫因尼斯的信使，他特地从费城过来递交丹尼州长给将军的一个小包裹。他交给我几封费城朋友的信，我就问他什么时候可以回去，耽搁在什么环节，方便的话我准备托他带几封信回去。他说将军命令他第二天上午9点来取给州长的复信，然后便立刻动身。我在当天把信交给他，两星期以后我又在老地方遇见了他，"你这么快又回来了，因尼斯？""回来了？不，我还没有去呢！""怎么了？""这两个星期，我每天上午奉命到这里取劳登勋爵的信，可是信却总是没有写好。""怎么会呢？他这样一个勤于动笔的人，我看他不断地坐在案头书写啊！"因尼斯说："是呀，但是他活像广告上印的圣乔治一样，永远骑在马上，却寸步不行。"信使的比喻似乎颇有道理，因为我在英国的时候，听说皮特先生终于撤换了这位将军，派遣了阿默思特和乌尔夫两位将军，其中一个理由就是他的长官从未接到他的报告，根本不知道他在干些什么。

　　就这样天天盼着开船，3艘邮船都要开到桑迪湾去跟随舰队，乘客们认为最好是守在船上，万一邮船突然接到命令起锚，他们就不会被丢在岸上。我们在船上足足呆了大约6个星期，耗光了船上的食物，不得不又去添购。最后舰队终于起锚了，将军和他的军队都上了船到路易斯堡去，目的是围攻和夺取那个要塞，所有邮船接到命令要随伺将军的坐船，等到他的公文一写好就可以立刻接过来。我们又在海上等了5天，才接到一封公文，准许我们离开。到了这个时候，我们的船才离开舰队向英国驶去。其余两艘邮船继续扣留着，一直被带到哈利法克斯，在那里停留了一阵，训练部队向假想中的炮台进行攻击演习，接着他放弃了攻打路易斯堡的计划，带着全部人马跟上述两艘邮船和船上的全体乘客回纽约去了！就在他远航期间，法国人和印第安人攻下了纽约边境上的乔治堡，许多已经投降了的士兵遭到了血腥的屠杀。

后来，我在伦敦遇见了波纳尔船长，当时他指挥其中的一艘邮船。被扣留了一个月以后，他告诉劳登勋爵他的船底附满了海藻和贝壳，已经到了影响航速的程度，这对邮船来说是很严重的，因此他请求给他一段时间，以便把船升起来清理船底。将军问他需要多长时间，他回答说3天。将军回答说："如果你能够一天就搞好，我就答应，否则免谈，后天你一定要起航。"就这样这位船长3天的请求没有获得批准，然而这艘船后来一天又一天地被扣留了足足3个月之久。

在伦敦我也遇见了波纳尔船长的一位乘客。劳登勋爵欺骗了他，把他长期扣留在纽约，然后又把他带到哈利法克斯，最后又把他带回了纽约。他气愤极了，发誓要提出诉讼，请求赔偿损失。究竟他后来是否提出诉讼，我不知道详情，但是根据他所讲的，他的损失十分巨大。

我曾经觉得难以理解，为什么人们会把指挥大军如此重大的任务托付给这样一个拖沓的人。但是后来我阅世渐深，熟悉了攫取职位的方法、封官赐禄的动机之后，就不再惊奇了。在我看来，如果雪利将军不被免职，一定会在1757年的战役中赢得赞誉，而劳登勋爵在这次战役中的轻举妄动，铺张浪费，却实实在在地使我们的国家遭受了难以想象的耻辱。虽然雪利将军并未受过军事教育，但是他通情达理，精明变通，能够接受别人的正确劝告，决断英明，执行计划的时候远比劳登勋爵迅速果敢得多。

劳登不用他的大军保卫殖民地，反而让其遭受敌人的侵袭，自己却吊儿郎当地在哈利法克斯练兵，轻易地丢掉了乔治堡。他搅乱了我们所有的商业活动，长期禁运粮食出口，逼得我们的商人走投无路。禁运粮食表面上为了不使敌人获得粮食，但实际上只是为了压低物价，以便军粮承包商从中渔利。人们说——也可能出于猜疑——他接受了承包商的贿赂。当禁运令终于撤销时，他还忘了通知查尔斯顿，致使卡罗来纳的舰队多停留了整整3个月之久，使得它们的船底严重地受到了蛀虫的蛀蚀，大部分船只凄惨地在归途中沉没了。

让一个不熟识军事的人指挥一支大军必然是一个无比沉重的负担，所以我相信雪利被免职，他自己反倒是乐意的。我参加了劳登勋爵接任时，纽约市民举行的宴会，免了职的雪利也到场了。在场有很多军官、市民，一些椅子是向邻近居民借来的，其中一把椅子很低，雪利恰巧坐在上面。我坐在他旁边看到了，就说："先生，他们给你的座位太低了。"他说："没关系，富兰克林先生，我觉得低的座位最舒适。"

逗留纽约期间，我收到了我替布雷多克采办粮食时的各种账单，有些账单我还没来得及从采办员那里收回，我把账单一并送到劳登勋爵处，请求偿清余数。他命令主管人员对这些账单彻底审查，那位军官核对了每一张付款凭单，证明账目金额准确无误，劳登勋爵答应给我开一张支票，但是他一再拖延，我总是按照约定的时间去取，却一直没能拿到。最后，我临行前，他告诉我经过再三考虑，他决定不把这笔账款和他前任的财务混在一起。他说："你到了英国，只要把你的账单呈送国库，他们就会马上把余款还给你。"

我提到我是被迫长期逗留在纽约，这让我不得不支出巨大的计划外费用，要求立即付款，然而抗议毫无效果。我又说明我办理采购没有一点酬劳，他们至少应当立即偿还我垫付的款项，别再给我增加麻烦，也别再行拖延。对于这些合理的要求，他只是说："唉，先生，你别以为我们会相信你没有捞好处，我们很了解这些事，我们知道任何一个办理军需的人都有办法中饱私囊。"我发誓我的情况并非如此，我没有赚一文钱，但是他显然不相信我的话，而我也确实在以后的日子里听到有人从这种工作中发了大财。至于欠我的钱款，至今没有偿还。

十七、辗转抵英

　　起锚前，船长自夸他那艘船速度极快。但是不幸得很，航行一开始，它就被证明是 96 艘帆船中最迟缓的一艘，这让船长非常懊丧。关于速度迟缓，船长做了许多猜测。有一次我们附近另外一艘船几乎跟我们一样慢，但是那艘船却追上了我们。这时船长命令全体人员跑到船尾去，尽可能地站到尾旗附近，连同乘客，我们一共大约是 40 人。当我们站在船尾时，船的速度竟然真的加快了，一会儿就把邻近的那艘船远远地甩到后面了。这清楚地证明了船长的猜想是正确的，船首装得太重了，因为大桶大桶的水都放在船首。他命令把这些水桶匀到船尾，从此以后这艘船展现了它的特长，成为全队中最迅捷的帆船。

　　那位船长说这艘船的时速曾经达到 13 海里。海军上校肯尼迪正巧也是船上的乘客，他力辩说这是绝对不可能的，没有船能驶得这么快，一定是船长把标度弄错了，或是投掷测程器时出了问题。他们两个人就此打赌，等待有足够风力的时候决一胜负。肯尼迪上校仔细检查了测程器，满意以后，决定亲自动手来测量。过了几天，风力变得很强，船长勒特威奇确信船行的时速已经达到了 13 海里，肯尼迪进行了测量，结果他承认自己输了。

　　我记录这个故事是为了说明下面这一点。作为造船业的一个缺点，一艘新船造好后，究竟是否是一艘优良的帆船，必须等到试航后才能知道，不管你多么严格却按照一艘好船来仿造，造好的新船也可能十分慢。我想这一方面是因为海员们装货、装帆和驶帆的方式千奇百怪，每人都有一套自己的办法。同一艘船，按照这个船长的命令装货，速度就很可能与另一位船长指挥下的船速大为不同。另一方面，从来没有一艘船是由同一个人制造、装备和驾驶的。一个人造船身，另一个人装帆，第三个人装货、驾驶，他们当中没有一个人能够完全掌握所有人的思路和经验，因此当这诸多方面结合起来的时候，就很难得到完美的结果了。

即使是在海上的简单驾驶操作，在不同的时间段里，不同的船员也会有不同的做法。一个船员把帆的角度扯得陡一些或者平一些，似乎并没有可供遵循的一致规程。我想或许可以做一系列改革：首先，决定最适合速航的船身式样；第二，确定桅杆最合适的尺寸、最适合放置桅杆的位置；按着帆的式样、数量和风向的不同固定下来各种扯帆的章程；最后，统一码货的方法。现在是一个事事讲究实践的时代，我想做这样一系列设计精确的实验，一定会大有裨益。我相信在不久的将来，聪明的科学家一定会从事这种研究，我预祝他们成功！

我们在海上受了几次敌人的追击，但是我们比任何船跑得都快，只用了30天，我们就已经驶近浅水地区了。航海测量也很准确，船长根据自己的判断把我们带到非常靠近法尔默思港的地方，如果我们连夜航行，到早晨或许就能停在港口了，而且夜间航行也可以避开敌方私掠船的骚扰，它们可是常在港口附近巡逻。我们满帆前进，风力也很强劲，我们直行向前，如梭似电。船长制定了航线，以为肯定可以远远地避开锡利群岛，但是在圣乔治海峡里似乎时而会有一股强烈的洋流，它经常使海员上当，曾经使得克劳兹莱·肖弗尔爵士的舰队全军覆没。这股向岸的洋流或许就是我们遇到事故的原因了。

我们在船首安排了一个看守，人们常对他叫喊"仔细看前面"，他就回答"是，是，是"，但是很可能这个时候他已经闭着眼睛半醒半睡了。据说他们有时候只是机械地回答，有一次，灯塔他都没有看见。这个灯塔被副帆遮住了，掌舵的人和其他值班的人都没有看到，幸运的是船身偶然一偏，大家发现了这个灯塔，此时我们已经离灯塔很近了，所有人都大惊失色，灯光看去大得像车轮。这时正是午夜，船长已然酣睡，肯尼迪上校跳上甲板，赶紧命令调转船头，所有风帆都鼓满了风，这个动作对桅杆来说是极其危险的，但是成功地使我们躲开了礁石，幸免于难。这次脱险使我特别强烈地感到了灯塔的效用，决心倡导在美洲修建更多的灯塔，前提是我能生还美洲的话。

到了早晨，通过测量我们发现已经驶近港口了，但是大雾弥漫，看不到陆地。9点左右，雾渐渐散去，就像剧院的幕幔，从水上升了起来，我们在幕下看到了法尔默思的城镇、港内的船只和四周的田野。对长期以来除了单调的茫茫大海外别无可看的人来讲，这真是动人的景色，同时使我们感到快慰的是，我们再不必为战争担忧了。

我和儿子立即出发前往伦敦，沿途只是稍稍逗留了几天，观赏了索尔兹伯里平原上的史前石柱，参观了威尔顿的彭布罗克勋爵的私邸花园以及他的珍奇古玩。我们最后于 1757 年 7 月 27 日抵达了伦敦。

第四章 补编

写于 1790 年，遗憾的是富兰克林还没来得及写完就撒手人寰了。这本自传成了未完成的著作。

一、无止争端

查理先生早已替我安排好了住处，我安顿下来以后，马不停蹄地拜访了福瑟吉尔博士。之前已经有人向他大力推荐了我，还劝我请教他诉讼的程序。他建议不要立刻向政府提出控告，他主张先跟业主们私下商谈，也许事情会因为私人关系，在调停和劝解下友好解决。接着我又访问了我的老朋友彼得斯·科林斯先生，他告诉我弗吉尼亚大商人约翰·汉伯里让他等我一到就马上通知他，好尽快带我去见枢密院议长格兰维尔勋爵，勋爵急于见到我。我答应第二天上午跟他一起过去。于是，汉伯里先生准时来接我，带我去见这位贵族。

格兰维尔勋爵待我谦恭有礼，颇有气度，在询问并讨论了一些美洲现存的问题以后，他对我说："你们对自己的政体有一种错误的看法，也许是把宪法的本质弄错了。你们坚持英王给州长的命令不算法律，以为你们可以自由决定遵守与否。但是这些命令与公使出国时带的记满琐碎礼节的袖珍指南可不一样，这些命令由熟谙法律的法官们起草，然后经过枢密院的论证、辩论或修改，最后呈请英王，由英王签署颁布才正式下达的。英王是'殖民地的立法者'，所以这些命令对你们来说就是国法。"我告诉格兰维尔勋爵我对这些闻所未闻。根据我们的特许状，我们的法律是由我们自己的议会制订的，这些当然要呈请英王批准，但是一经批准，英王就无权废除或更改。虽然议会不经英王批准不能制订永久性法律，但是同样的，不得到议会的同意英王也不能擅自立法。他坚持我犯了彻头彻尾的错误，但是我不以为然。

同格兰维尔勋爵的谈话让我清楚了英王政府对我们的大体态度，

我开始稍稍有些担忧，一回到寓所，马上把这次谈话复写了下来。我记得大约在 20 年前，内阁向国会提交的议案中有一条，提议把国王的命令做为殖民地的法律，但是众议院否决了这一条，当时我们还因此爱戴他们，以为他们是我们的朋友，是自由的朋友。一直到 1765 年，从他们对我们的举动来看，似乎他们拒绝让英王行使特权目的只是想把这一特权留给自己罢了。

过了几天，福瑟吉尔博士跟业主们沟通了这件事，大家都同意在春季花园托马斯·佩恩先生家中跟作一次详谈。开始时，双方表示愿意寻求合理解决的方式，但是双方对于"合理"一词就已经各存已见。接着，我们依次讨论有分歧的各点。业主们尽力为他们自己的行为辩解，我也竭力替州议会的行为辩护，两方各为其主。我们距离目标很远，双方的意见简直相差十万八千里，根本没有达成协议的希望，最后只是决定要我把我们有分歧的地方以书面的形式一一列出交给他们，他们再行考虑。我照办了，写好送了过去，但是他们把文件交给律师斐迪南德·约翰·帕里斯，他曾在邻州马里兰的业主巴尔的摩亚勋爵的大诉讼案中办理过法律事务，这件大诉讼案已经持续了 70 年之久。

业主们与州议会争执中的一切文件和咨文都是帕里斯执笔的。他生性傲慢，脾气暴躁，许多文件说理浅薄，措辞蛮横。由于我曾经在州议会里严词批驳过他的文件，所以他跟我结下了不解之仇。每次见面，他总是流露出这种仇恨，业主们提出要我和他单独讨论各项事务，我果断拒绝了，除了业主本人以外，我不跟任何人谈判。后来，根据帕里斯的建议，他们把文件交给检察长和司法官员，要求他们提出意见和处理办法，在他们手里这件案子足足搁了差 8 天一整年。

二、通过议案

在这期间，我屡次向业主要求答复，但是他们的回答总是千篇一律，一直拿还没有接到检察长和司法官员的意见来搪塞我。但是当他们接到检察长和司法官员的意见时，又闪烁其词，我一直没机会知道答复究竟是什么。除此之外，他们还提交了一篇由帕里斯起草和签署的冗长的咨文，诋毁我的文件，污蔑我粗鲁无礼，措辞不当，同时也替他们自己的行为作了些浅薄的辩解，最后表示如果州议会派遣一个公正坦率的人来跟他们谈判，他们愿意和解。言外之意是暗示我并不是这样的人。

所谓粗鲁无礼、措辞不当大概是指我写给他们的文件中没有标上他们僭取而来的尊称"宾夕法尼亚州真正并且绝对的业主"，我没有写上这样的头衔是因为我认为没有这个必要，这个文件的目的只是把我口头讲的内容用文字确定下来。

但是在耽搁的这一年里，州议会已经怂恿丹尼州长通过了一个议案，业主的财产也要像人民的财产一样纳税，州议会其实已经无需再答复业主的咨文了。

但是当这个议案送到英国来的时候，业主听从了帕里斯的建议，强烈反对英王批准这一条款。他们在枢密院向国王请愿，枢密院开始了定期审案，业主们雇用了两个律师反对这个议案，我也相应地雇用了两个律师拥护这个议案。他们认为，这个议案意在加重业主的财产负担，盘剥过高的捐税，减轻人民负担的效果是以转嫁税收的方式达到的。如果这项法律继续有效，人民将对业主有天然的反感，业主们在捐税方面就只能任由人民摆布，他们必然会破产。而我们的立场是，这个议案并没有这样的企图，结果也绝不会如此严重。估税员都是诚实谨慎的人，他们宣誓要公平合理地估税，就算他们增加了业主的税额，他们从中牟得的利益也是极少的，所以他们决不至于因此毁誓背约，做出有违职业道德的事情。

根据我的记忆，这就是双方陈词的主要内容，此外我们着重强调如果废除这一法律将带来的危险后果，我们已经发行了 10 万镑的纸币供英王使用，用于英王军务。现在这些纸币已经在民间流通，一旦废除法律，人民手中的纸币就成了废纸，许多人会因此破产，即使加发补助金也完全没有把握扭转形势。我们还指出业主们损人利己的品质，仅仅因为害怕自己会在捐税中负担过重，就教唆他人造成这样大的混乱，甚至也许会演变成毁灭性的灾难。正在律师们争辩的时候，王室法律顾问曼斯菲尔德勋爵站了起来，把我召到秘书室里，问我是否真正相信在执行法律时业主的财产不会受到歧视和损害。我说当然，他说："那么你们不会反对立约担保这一点吧？"我说："决不反对。"接着他把帕里斯叫了进来，经过一番讨论，我们最终还是接受了曼斯菲尔德勋爵的建议。

枢密院的秘书起草了相关文件，我和查尔斯先生在上面签了字。查尔斯先生是宾夕法尼亚州的代理人，处理日常事务。就在曼斯菲尔德勋爵回到枢密院会议室的短短时间里，法律就批准通过了。但是枢密院同时建议作某些修正，我们也保证把这些修正放在随后的附案里。州议会认为无此必要，因为在枢密院的命令到达之前，他们已经根据这个法律征收了一年的税了。州议会指定一个委员会检查估税员的工作，委任了几个业主的密友作为委员。经过了详细的调查以后，他们一致签署了一份报告，证明估税工作是完全公平无私的。

州议会认为我参与订立的法律是对宾夕法尼亚州的一个巨大贡献，它巩固了在全国流通的纸币的信用。在我回来的时候，他们正式向我表示感谢，但是业主们恼恨丹尼州长，因为他批准通过了这一法律，他们撤销他的职务，威胁要控告他违背了自己立约遵守的命令。但是丹尼是应检察长之命而行的，而且是为了英王的军务，他也在英国宫廷里认识一些有权势的人，所以他并不把这些威胁放在眼里，这些威胁也从来未曾兑现过……

后记：来不及记下的故事

1764 年本杰明·富兰克林再度代表宾夕法尼亚州出使英格兰。

在伦敦期间，他力主反对 1765 年的印捐法案。但是富兰克林同时为他的朋友谋取美洲印捐代理人的职位，这使得他的诚信及民众支持度大为受损。这次利益冲突事件令富兰克林在日后再没有当上更高的民选职位。显然，公众对他的支持已不再。

1767 年，富兰克林同普林格尔到法国，受到法国人的热烈欢迎。

1773 年 5 月 10 日，《茶叶法案》通过。9 月，富兰克林发表《缩小帝国要诀》和《普鲁士国王敕令》，对英国的政策给了讽刺性地攻击。

1775 年 3 月，富兰克林放弃了和平解决殖民地危机的努力，从英国伦敦回到美国。抵达费城以后，获选成为第二届大陆会议的代表，协助起草《独立宣言》。

1776 年，富兰克林被派到法国任代表美国的专员，前往蒙特利尔去说服法属加拿大参加殖民地武装起义，70 岁的富兰克林在危险艰难的长途行动中疲惫不堪。6 月 11 日，被任命为《独立宣言》五人起草委员会成员。12 日，同约翰·亚当斯准备谈判的条约计划。9 月 17 日被采用的"1776 年计划"成为了贸易政策和商务条约的模式。7 月 8 日，出席宾夕法尼亚制宪会议，并当选为主席。

1779 年 2 月 12 日，成为驻法全权公使，努力提供对美国大陆军队的供给，争取更多的援助，并建议美国发行公债。3 月 23 日向法国递交国书。

1782 年 3 月 22 日，英国决定与美国和平使团开始直接谈判。4 月 12 日，和平谈判开始，富兰克林成为了出席谈判的美国使团的唯一成员。7月，富兰克林和杰伊坚持把承认美国独立做为正式谈判的先决条件。

1783年1月20日，富兰克林和亚当斯出席《英法和约》和《英西和约》草案的签字仪式，声明《英美和约》开始生效并宣布停战。8月起，富兰克林对气球升空试验着了迷，首先证明了人类能够操纵气球飞行。9月3日，同杰伊、亚当斯以及英方代表哈特利参加《巴黎和约》的签字仪式。

在法期间，深受法国社会各阶层的欢迎，被巴黎人看作是卢梭的化身。当富兰克林在1785年返回美国时，他对美国独立所作出的贡献恐怕只在华盛顿之下。

1784年1月14日，邦联国会批准《巴黎和约》，5月12日，富兰克林离开帕西，由于膀胱结石带来的痛苦，只得用一头骡子驮着担架赶路。7月28日，启程返回美国，在航行中写了《海上的观察》《烟囱冒烟的原因及防治》《一种将煤完全燃烧不生烟的新式火炉的说明》等文章。10月11日，被选为宾夕法尼亚最高行政会议成员。18日，当选为会议议长。

1787年2月9日，创建政治研究会，并当选第一任主席。4月23日，当选宾夕法尼亚促进废奴协会主席。

这一年已经退休的富兰克林出席了修改美国宪法的会议，成为唯一同时签署过美国三项最重要法案文件的建国先贤。这三份文件分别是：《独立宣言》《1783年巴黎条约》以及1787年的《美国宪法》。

1788年10月14日，富兰克林辞去了宾夕法尼亚最高行政会议主席的职务，结束了他近60年的政治生涯。

1790年2月3日，富兰克林签署了他的最后一份公文。做为宾夕法尼亚废奴协会主席，签署了要求国会反对奴隶制和奴隶贸易的文件。4月8日，处理了他的最后一件公务。写信答复国务卿杰弗逊关于巴黎和谈委员会解决东北疆界问题的询问。

穷查理年鉴

1733 年

友善的读者：

　　我想借这个机会表明我写年鉴不为别的，只为让公众受益。不过这么说我就不诚实了，现在的人们聪明得很，不管谎话编得多么圆滑，也是瞒不过去的，所以我还是实话说了吧。我穷得叮当响，妻子原来心高气傲，现在却整日坐在那儿忙着纺纱织布，而我呢，无所事事，游手好闲，每天瞪眼看星星。她不止一次威胁说，如果我不用我的书和那些丁零咣当的玩意儿（她就是这样称呼我的仪器）挣些钱贴补家用，她就把它们全烧光。正巧印刷商给我开出了诱人的利润分成，我遵了夫人的命开始写起了年鉴。

　　如果单单是为生活所迫，那我多年前就应该出版年鉴了，但是考虑到我的好友兼同窗泰坦·利兹先生的利益，我实在做不出伤害他的事。现在这个忌惮（用这个词就已经让我很不舒服）很快就要消失了。死亡总是冷酷无情的，它从不尊敬美德，现在它已经准备对我的朋友发动总攻了。死神挥出能毁灭任何人的镰刀，我的朋友很快将离我们而去。我占算他会在 1733 年 10 月 17 日下午 3 点 29 分离去，可按他自己的算法，他会活到 26 日。在过去的 9 年里，我们每次见面都会为这个算不得什么的误差争论不休，后来他终于倾向于我的判断了。现在争论已经没有必要了，究竟谁算得准，很快就能见分晓了。从明年起人们可能再也看不到他的大作了，我愿意继承这个任务，也希望得到大家的一点鼓励，所以我殷切期望购买我的年鉴的顾客不仅仅觉得自己买了一本有用的工具书，而且也能意识到他在行善，受益者就是他的穷朋友。

您的穷朋友和仆人

R. 桑德斯

牧师的葡萄酒，能喝尽量喝；糕点师的布丁，能吃尽量吃。（有用之物多多益善）

登门拜访要像冬天的白昼一样简短，否则必令人讨厌。

没有老婆和暖火，男人活得不像话。

钱包越轻，心越沉重。

只有傻瓜才让医生做自己的财产继承人。

他走了，什么都没忘，唯独忘记和债主道别。

爱得深，抽得狠。（软硬兼施，恩威并重）

饿鬼眼里没有馊面包。（饥不择食，寒不择衣）

手里有肉时，最要当心无端讲和的宿敌。（黄鼠狼给鸡拜年——没安好心）

语言上的巨人，行动上的矮子。

有交往没友情，有友情没实力，有实力没主见，有主见没行动，有行动没好处，有好处没品德，终究还是一文不值。

吃是为了活着，但活着不是为了吃。

伟大的恩赐绝对不是指凭空而来的遗产。

行医的年轻易误诊，理发的年老易破头。

要长寿，少吃肉。

检验金子的是烈火，检验女人的是金子，检验男人的是女人。

和狗睡过的人，身上必有虱子。（居必择邻，游必就士）

多心多安全，小心少危险。

舌头快，麻烦多。

在酒中征求意见，在水里敲定主意。（多方征求，冷静判断）

酒喝得快的人付账慢。

失去好妻子就是失去上帝的礼物。

内心败坏和外表破烂一样丑陋不堪。

傻瓜的心在嘴里，智者的嘴在心里。

西瓜难辨生熟，人心难知好坏。

知道大多数药没用的医生才是最好的医生。

天才在自己的国家里，就像金子埋在矿山里。（外来的和尚会念经）

从来没有不堪一击的敌人。

丢了马靴，保住马刺。（有总比没有好）

奶酪和咸肉应该细嚼慢咽，狼吞虎咽得不偿失。

门和墙只是挡傻瓜的纸老虎。（偷盗难防）

跟流氓无赖做交易，既无信誉也无收益。

傻瓜才许愿让火别熄灭。（只说不做，终究一场空）

瑞雪兆丰年。

没人比酒鬼更傻。

上帝时不时创造些奇迹。嘿！我们有老实人和律师。

天性纯真，邪念不侵。

过去的诗人说，时间吞噬一切；时代变了，现在的人喝掉了时间；不过没关系，时间本人会清醒一如从前。

1734 年

友善的读者：

我受到了粗暴失礼的对待，作者骂我是冒牌预言家、不学无术的家伙、傲慢的印刷工、蠢材和谎话精。利兹先生极富涵养，从不失态，更不会这么粗俗。他尊敬我，对我一直关爱有加，所以骂我的小册子肯定只是某个人幻想发财的诡计，无非是盗用利兹先生独一无二、无可替代的影响力推销一些年鉴而已。虽然这样，但是借着一个绅士之口说这些最卑劣的无赖在大发酒疯的时候都羞于出口的话，而且还是让他去伤害自己的朋友，这样的所作所为是对利兹先生身后名誉不可原谅的伤害，也是对公众的欺骗。

利兹先生不仅专业功底扎实，而且为人庄严稳重，对朋友又无比真诚，言出必践。这些宝贵的品质都让我十分尊重和珍惜这份友情。尽管事情出乎所有人的意料，尽管我的预言和他的预言都可能落空，但只要他活着而且安康，我就会无比高兴和满足。预言落空最多让我蒙羞，这已经算不得什么了。

您的穷朋友和仆人

R. 桑德斯

求全责备和溜须拍马是最愚蠢的行为。

控制饮食，戒色勤奋。否则百病缠身，徒增痛苦。

不吃苦中苦，难为人上人。

与其花十分心神隐瞒过错，何不花五分精力改过自新？

成功勿自大。

吃饭有味道才是有营养。（吃饭香就是最好的健康）

人笨犯傻多。

别家女人莫招惹，他人钱财勿贪求。

美丽和愚蠢是一对老搭档。

收获的希望减轻劳作的痛苦。

勤奋眼里无难事，懒惰眼里无易事。

骑马要贴紧，驭人要宽松。

一狗不能猎两兔。（一心不能两用）

付出快乐，分享快乐。

哪里有无爱的婚姻，哪里就有无婚姻的爱。

不能愚蠢，也不用精明，但至少要心明。

没有不劳而获。

节省则样样便宜，浪费则件件昂贵。

劝人要谈利益，空讲道理最无用。

福祸相随，都不久长。

看人不要看他有什么特长，而要看他表现出了什么优点。

亚历山大大帝的马和他本人一样名垂青史。（一人得道，鸡犬升天）

善待朋友留住他，善待敌人争取他。

好人问心无愧，坏人寝食难安。

教你的孩子学会守口如瓶，他就差不多学会了如何说话。

不懂服从命令的人难以发号施令。

愚钝的农夫总好过邪恶的君主。

魅力无用，糊涂难得。

今天一只蛋胜过明天一只鸡。

有钱不必清贫，清贫也不需要富有。

对待敌人的报复要冷静克制，头脑一热最易犯错。

强大的英雄看不起无知的懦夫。

法律像蛛网，只逮小虫蝇。大虫破网过，让人干瞪眼。

肿痛易招磨，骄傲树敌多。

阳光和煦也别忘带大衣。（未雨绸缪）

不是富人拥有财富，而是财富拥有富人。（富人常被财富所奴役）

贪心和幸福永不碰面，它们又怎能成为熟人？

谨慎的荷兰人遵守的节俭格言就是，抓到多少钱就存多少钱。

坐等老天恩赐，终要饿坏肚子。

有学问的愚人比无知的傻瓜还傻。

娶媳妇可以多挑多拣，嫁女儿却是越早越好。

一无所知的人碰巧成了先知，圣人贤士一不小心成了无知的人。

再见，读者，愿幸福常在您左右，愿您年年如意，年年有余。

1735 年

友善的读者：

如果利兹所说的他活到 1733 年 10 月 26 日才死去的说法不对，那么他肯定在那之前已经死去。如果他在那之前死去了，那么我预言的 10 月 17 日就是他最有可能的死亡时间了，不是吗？如果人死后会到处游荡，惹是生非，那可能是他们生前就有这种怪癖。因为除非忍痛割爱把它抛到红海里，不然一个人的脾性是很难改变的。

我知道一个星相家的自由精神是不那么容易被约束的，我也不会在冲动之下说什么过火的话。但是鬼魂也不能因此而破罐破摔，过于放浪。如果它们不赶快学会对活着的朋友友好礼貌的话，我哪怕不情愿，也要采取些行动了。

您的穷朋友和仆人

R. 桑德斯

逆水行舟，不进则退。

差劲的评论家糟蹋好书，所以上帝送来魔鬼烹饪的肉食。

对马屁精的话不可句句相信。

凭借勤奋和耐心，老鼠也能把电缆咬成两段。（锲而不舍，金石可镂）

表面彬彬有礼，心中城府无底。

小屋子物品充栋，小田地悉心耕耘，小妻子贤惠可人，有了这些便是大富人。

听凭老处女终身未嫁，老光棍就是大傻瓜。

有些人善于预测风向，有些人却只会一头撞向南墙。

穷人为填饱肚子四处奔波，富人为肚子装下鱼肉不停散步。

眼睛不容沙粒，牧师不容亵渎神灵。

一家人都傻，就是遗传了。

急需的时候，没人想着讨价还价。（饥不择食，慌不择路）

如果骄傲在前面领军，那一定是卑劣在后面压阵。

头大无用，肚大空空。

深奥的问题需要细致的回答。

择友慢作决定，换友慢下决心。

疼痛损耗身体，享乐损耗智力。

小聪明的人偷马，真聪明的人绕行。（马易欺生）

金钱有时比爱人更甜蜜。

谦卑让伟大更令人敬仰。

看好你的店铺，它才不会丢弃你。

国王的奶酪在削皮时就削丢一半，没人吝惜是因为奶酪是用人民进贡的牛奶做成的。

傻子的美德是迟缓和寡言。

博学的傻瓜我见过很多，天生的精人我见过更多。

三人难守秘密，除非两人死去。

贫穷只要一点，奢侈要求很多，贪婪妄求一切。

谎言像金鸡独立晃悠悠，真理如双腿站立稳当当。

言语报复不可怕，可怕的是说话不当招致的报复。

诗人说："英雄见解更高。"我说："跳得高，跌得重。"

自我节制，自己获利。

蒂姆人前节衣缩食，背后大吃大喝。（当面一套，背后一套）

左脸挨打给右脸，总胜过挥拳相向。

机遇最诱惑，诱惑最致命，谁见谁都要扑过去。

早睡早起能带给你好身体，好财运，好头脑。

对上级谦卑是迫不得已，对同级谦卑是彬彬有礼，对下级谦卑才珍贵无比。

精神先老，终将把人拖老。

太阳做好事从不后悔，更不图报。

别人令你失望时你是否生气？记住你不可能独木成林。

一次补错胜过两次找错，一次找错胜过两次犯错。

1736 年

友善的读者：

感谢您接受了我几年来的劳作，这是对我继续创作的鼓励。但是，您一直给予我的认可和帮助招致了一些人的妒忌，还使得另一些人对我心怀怨恨。我因为准确预测了一个人的死亡日期而有了名气，那些居心叵测的人竭力想出一个一劳永逸的方法使我身败名裂，他们污蔑我不是人。他们把谣言散布到全国各地，说我这个人根本就不存在，以至于有些不认识我的人当着我的面说我是不存在的。

但是不管他们如何造谣，我自己知道自己在走路、吃饭、喝酒、睡觉就够了，我知道自己的确存在。这个世界最终也会和我一样了解这一点。试想，如果我并不存在，那么过去几年中是谁给成千上万的公众发表作品呢？其实如果不是为了印刷商的利益着想（我的敌人迫不及待地把我的作品归到自己的名下，然而他又不愿意抚养我的"孩子"，我也不愿意失去当"父亲"的荣誉），我根本就不想理睬那些无聊的谣言。为了还给印刷商一个"清白"，也为了维护我自己的名誉，我要公开地、郑重地宣布：迄今为止我的一切创作和正在进行的创作，绝非另外一个人或者几个人的代劳，不管在谣传里他们多么优秀，我的作品都是我自己的手笔。我希望有头脑的人相信我的话，而那些仍不满意的人我就无能为力了。

下面是我今年的劳作。友善的读者，请您审查它，如果有不当之处，也请您包涵。我竭力为您服务，如果拙作有幸让您感到高兴，那就是对穷理查付出的劳动最好的奖赏。

您的穷朋友和仆人

R. 桑德斯

老酒鬼总比老医生多。

节俭开销，方能持家。

有耐心，有一切。

我有一头羊和一头牛，人人见我都问候。

自助者天助。

为什么瞎子的老婆要化妆？

蚂蚁是最好的牧师，它布道时一言不发。（行动远胜言语）

好言暖语能敲开铁石心肠。

一个烂苹果，弄坏一筐苹果。（一颗老鼠屎，搅坏一锅汤）

出卖信誉,人财两空。

如果你的窗子是玻璃做的,就不要朝邻居家扔石头。(己所不欲,勿施于人)

猪美在于膘肥,人美在于高尚。

好丈夫才有好妻子和好庄稼。

理智的背后闪耀着力量。

情人、旅行家和诗人,听他们讲故事要付钱。

说得多,误解多。(言多语失)

放债的人永远比借钱的人记性好。

男人最容易被3样东西欺骗:马、法官、妻子。

懂得生活的人是大学问家。

贫穷、诗歌、新头衔,能把人变得滑稽可笑。

到处撒刺,就别光脚走路。(善恶有报)

被自己信任的人欺骗是真正的受骗。

上帝治好病,费用归医生。

贪心一如无底洞。

饿死的人少之又少,撑死的人多而又多。

美国的少女呀,谁弄坏了你的牙齿?热热的汤和冰冻的苹果。

要想生活自在安稳,话留三分,不下妄断。

1737 年

友善的读者:

这是第五次写卷首语了。为我可爱的同胞们描绘新的一年,预测下一年里将要发生什么,可能发生什么,不可能发生什么,我很高兴地发现大家对我的预测大都感到满意。当然,根据星相作预测,极少数论断有偏差一点也不奇怪。有时候在计算中忽略一个细微的数据，就会失之毫厘，谬以千里。我们的年鉴在历法上的内容都是很准的，如果有别的方面出现了什么纰漏，也都得到了读者的谅解。毕竟对于一部年鉴来说，日期准确无误才是最重要的。

至于天气预测，如果我套用我哥哥有时使用的方法，告诉你在新英格兰会下雪，而南卡罗来纳会下雨，北方寒冷，而南方温暖等等，那么哪怕我胡说一气，也不会被发现。但是知道一千英里以外的天气，对我们没什么用处。所以只要我们准确地知道今天的天气，知道明天、后天的天气，我就已经很有成就感了。如果天气没能准确预测，那就让印刷商承担这个责任，因为说不定他为了多给自己几天假期而稍稍改动了天气预测呢。为此，既然他因为制作我的年鉴而得到了很多利益，自然也应该承担一些责任。

最后，我不能忘了感谢公众一直给予我的无私鼓励，对于一个可怜的老头子和一个诚实的老太婆来说购买拙作的五便士意味着温暖的炊火、充实的米缸、满盈的酒杯和快乐的心情。好心的人儿，就算年鉴有一半空白，你们也不会觉得花得冤枉吧？

您的穷朋友和仆人
R. 桑德斯

致富诀窍：

有钱的所有好处只不过是有钱花。

如果你是一个节俭又忠厚的人，那么一年挣 6 块钱，也能当 100 块花。

一天随随便便花掉 4 分钱的人，一年至少用 6 块钱打水漂，而这 6 块钱说不定能派上 100 块钱的用场。

一天随意让时间溜走的人，一年浪费掉的时间相当于 100 块钱。

随便让点滴时间溜走的人，就像每天把 1 分钱扔进河里。

损失 1 分钱不仅仅是损失 1 分钱，还损失了用这 1 分钱做生意的机遇。抓住这些机遇，年老时你就腰包鼓鼓了。

赊东西的人为买东西付利息，付现金的人才是钱尽其用。所以，有能力购买的人应该去付现金，即便付利息也应该是为使用它。

每当想买不必要的生活用品，无甚用处的小玩意，先想想你是不是愿意为此而付利息，只要你还活着，那就是利滚利；用得越旧，利息越高。

买东西时，最好付现金，因为赊销的人预料到因付款周期太长而损失 5% 的利润，所以他一定会弥补亏损，事先把这 5% 转嫁到赊的商品里。

赊购的人为卖主承担了这 5% 的损失，而付现金的人却可以逃过这一额外开销。

攒一分得两分，一天省一点，积少成多，聚沙成塔。节省就是赚钱。

就算最伟大的君主登上最宝贵的宝座，最终也得坐在自己的屁股上。

失败和亏损帮助人更谦逊，也更聪明。

三种东西掩藏不了：爱情、咳嗽、抽烟。

说得好不如做得好。

三样东西不能用烛光凑近去检验：好布料、靓女孩和黄金器。

对你知道的一切莫声张，把你拥有的一切小心藏。

能走路的人才养得起好马。

世上没有丑陋的爱情，也没有漂亮的牢房。

千金易得，挚友难求。

旅行者要有猪的鼻子、鹿的腿、驴的背。(旅行者要会找吃的、善走路、能负重)

好律师,烂邻居。

三样东西本质是一样的:牧师、律师、死神。死神不管强者弱者一律带走,律师不管有理没理一概收费,牧师不管死人活人一样要钱。

最破的车轮叫得最响。

和医生和律师说话千万小心。

两件事我从未见过:常移栽的树比稳扎根的繁茂,常挪窝的家比安居乐业的兴旺。

1738 年

友善的读者:

我丈夫上星期到帕托马克去看望他的一个旧相识,那人是一个占星家。顺便到处看看能不能找个小地方把我们安顿下来,安度余生。他把写好的年鉴封好,交给我寄给出版商。我心中不安,担心他像以往一样拿我开涮。等他一走,我马上打开封口,果然我猜对了,他在卷首语里数落他老婆布里奇,说她这也不是,那也不是。他简直蛮不讲理!难道我就不能犯点小错,难道有一点小错就要印在纸上让全国都知道吗?大家会觉得我心高气傲,无理取闹,甚至连我买了条新裙子都知道了。哼,全世界都知道理查可怜的老婆最近时不时要喝上点茶,差不多快上瘾了,这可得算个大事,狠狠炒作一下。没错,去年出版商送了我一点茶叶,可那又怎么了,难道要我把它倒进垃圾堆吗?反正一句话,我丈夫的卷首语不值一读,我干脆把它涂掉,我想大家也不希望看到年鉴的质量下降吧。

我翻了翻日历部分,发现今年预测了很多坏天气,于是我见缝插针，一发现有空当就排进好天气，多给大家一点灿烂的阳光，好让主妇们晒晒衣服。老天不一定顺应人意，但我表达了我的好意，希望主妇们能开心快乐。

我本想改正年鉴里出现的错误，特别是我不喜欢的歪诗，但是赶巧把眼镜打碎了，也许会有些错误，但是我没办法改了，希望大家谅解。

您的穷朋友和仆人

R. 桑德斯

人有三宝：老妻、老狗、现钞。

高谈阔论的人没有耳朵，因为他们不需要有耳朵。

鞋子要想穿久，就别把钉子钉进去。

除了你自己，还有谁常常欺骗你？

除了自己跟自己过不去，还有什么更使人痛苦？

最痛苦的莫过于极乐，最束缚人的莫过于太自由。

博览，但勿乱读。

不想吃不上肉的人，让他在复活节还钱。（欠债早还，方可致富）

写作要显学问，说话尽量通俗。

放飞自己的快乐，快乐也会一直跟随你。（与人分享快乐，才会永远拥有快乐）

想拥有美德，不但要追求它的形式，还要感觉它的美好。

买了不需要的，不久就得卖掉你需要的。（胡乱买东西，钱包瘪得快）

如果你已经拥有了聪明和常识，就再添上智慧和谦逊吧。

人死形灭，归于尘土。若想流芳百代，要么写下值得一读之书，要么做出值得一写之事。

既然把握不了 1 分钟，就不要扔掉 1 小时。

如果做了不该做的事，就得听不中听的话。

行善要及时，别像圣乔治一样呆坐在马背上，却不前行。

不求活得长，但求活得好。

没见过点石成金，但见过追求点金的人把金子变成石头。

时间是良药，包治百病。

读书使人充实，思考使人深沉，对话使人聪明。

如果有人奉承我，那我也奉承他，就算他是我最好的朋友。

长寿对一个吝啬鬼什么用处都没有。

只有涵养高的人才知道如何承认错误，怎么承担他的责任。

做工作的主人，别做工作的奴隶。

学做好人和伪装好人大不一样。

防备小错，牢记大错。

吃为自己，穿为别人。

找别人的长处，挖自己的短处。

每年改掉一处恶习，坏人也能脱胎换骨。

1739 年

友善的读者：

　　回馈您一如既往的慷慨鼓励，我把新的年鉴呈递给您。这也是我的第七本年鉴。当您把钱送进我的口袋，让我能添些日用品，穷理查对您的恩惠并非毫不放在心上。他小心翼翼地观察星相，为了让您了解它们的变化，知道来年的运势。他盯着那些星星像贝丝盯着自己的女儿一样紧。这些预测比您梦见下一年的冬雪要靠谱得多。

　　外行的人总是想不通为什么星相家看天气会那么准，好像我们是在和老魔鬼打交道。唉！其实这并不比撒泡尿困难多少。举个例子吧，星相家用望远镜观察星空，他看见金牛座，也就是那头正在奔跑的大公牛拼命蹬脚，摇晃尾巴，伸长脖子，张开大嘴。这副样子自然让人想到这头发怒的公牛在喷气、喘息、嘶吼。只要计算好距离和时间，他就知道暴风雷鸣在什么时候出现。如果他看到处女座左右晃动脑袋，好像在看是不是有人在看他，然后她慢慢蹲下来，双手搭在膝盖上，忧郁地凝视前方。他马上明白了她的意思，明年春天我们会有一场及时的春雨，还有什么比这更顺理成章的呢？我还可以举出更多的例子，不过我想这两个已经足以证明我们星相家并不是装神弄鬼的巫师了。星星给了我们多么富有美感的知识啊！只要您有本事，最微不足道的小事都能找出答案。当我哥哥为他那匹生病的马犯了愁，不知道该喂刚下的蛋，还是喝点汤时，星星明明白白地告诉他喝汤好，于是那匹马喝到了汤——您想知道那匹马怎么样了吗？明年的年鉴里我再告诉您。

除了年鉴应有的东西，我还尽量插进一些关于道德和宗教的格言警语，如果和哪位大师的思想不谋而合，希望能原谅我的唐突。友善的读者，如果您发现我在书里很严肃的话语中不时夹杂了一些闲谈，希望您不要在意。到此为止，我为您精心准备的菜肴中，已有足够的菜式让您觉得物有所值了。这些从智慧餐桌上拿来的小菜，如果好好咀嚼的话，对人的心智还是大有裨益的。敏感的肠胃也许有点受不住，不过肠胃泛酸才能激起食欲。也许浮躁的年轻人在我的年鉴里寻找笑料打发无聊的时光时，能找到一句发人深省的妙语珠句，说不准他的人生从此改变了呢。

有些人看到我的年鉴年年销路很好，就想当然地认为我已经成了富翁，感觉我还自称"穷理查"很矫情。不过真实情况是，我第一次出版年鉴时，和印刷商签了一个当时很公平的合同，他拿走了绝大部分利润。不过，我还是祝愿他生意兴旺吧，我不会抱怨他。我很尊敬他，希望他赚得比现在多 10 倍。因为我是他的朋友。

您的穷朋友和仆人

R. 桑德斯

财富从天而降，必须停下好好想想。（没有不花钱的午餐）

要想活得久，先要活得正，愚蠢和邪恶使人短寿。

相信自己，不要被自己出卖。

历史学家讲述的不是发生了什么，而是他们相信发生了什么。

月亮和太阳的光亮根本没法比较，只有自己发光才叫亮。

玩笑不能化敌为友，却有可能变友为敌。

只有爱上自己的人才不会有情敌。

大人和小孩子都有自己的玩具，只是价钱不同而已。

无所求的人有福，因为他从不失望。

饿着肚子上床好过为一顿早餐欠账。

用老醋清洗痛牙的牙根，把它放到太阳下晒半小时，永不再痛。

老师犹如沃土，不是滋养大片庄稼，就是大片野草。

决心以后改邪归正，绝不是真心实意。

波利奥不看重书的内容，他买书只看书的样子，就像人们捕海狸只为取得皮毛。

为父母争光，就是活得精彩，让父母在地下也感到荣耀。

昧良心做事，必得报应。

朋友的坏话不要听，敌人的坏话不要说。

付出你拥有的，你才知道自己拥有什么。

不必花钱的好东西要舍得给予：礼貌、忠告和鼓励。

盲目追求功名终将一无所获。

先爱人，才有人爱。

美艳、强势和巨富，并没有多大用处，高尚的心灵才最为宝贵。

1740 年

友善的读者：

您也许还记得，我在自己的第一部年鉴中预测了我的星相家朋友泰坦·利兹将在那一年的 10 月 17 日下午 3 点 29 分去世。他不幸地如期去世了，但是那以后，W.B 和 A.B 还在用他的名义不断地出版年鉴，过了好些年他们依旧声称老泰坦还活着。纸终究是包不住火的，他们在 1739 年年鉴中不得不承认他已经去世，但还是谎称他在离世之前测出了未来 7 年的天相。呦！多么低劣的骗术啊，这种谎言根本不堪一击。要不是有人同时也指责我是个冒牌的预言家，我才不可能理会他们。但是因为牵连到了我，我就不能容许我的生活里出现虚假了。

为了平息这些无聊的谎言，我要将一个事实公之于众，尽管它令人惊讶，甚至有些不可思议，但千真万确。

4 号午夜，我在自己的小书房里写这篇卷首语的时候睡着了。睡了有一段时间，也没有什么特别的梦，但是醒来以后，发现下面这封信摆在我面前：

亲爱的桑德斯：

尽管我们现在阴阳相隔，生死两界，但我仍然非常尊敬您。一看到那些妒忌您获得成功的出版商的恶意诽谤，我就很难过。他们指责您预测我在 1733 年的死亡时间是错的，他们还假装我后来还活了好些年。我要在此声明，我的确是在您预测的那个时间去世的，误差仅仅 5 分 53 秒。对于这种事情，这点误差不算什么。我还要进一步声明，我没有向他们提供我死后 7 年的天相活动，那是他们意淫的好事。那些以我的名义出版的年鉴，不能算是我的作品。

您可能会奇怪，这封信究竟是怎样冒出来的。其实很简单，不了结所有尘缘，一个鬼魂是无法安息的。我们这个时候可以随意游走四方，探访老朋友，看看他们在干什么，也可以进入他们的冥想，给他们带去一点有益的启示。我看见您在睡觉，于是从您的左鼻孔进去，潜入了您的大脑，找到控制您右手的神经末梢，在您毫不知情的情况下写出了这封信。不过您醒来以后，您会发现虽然字迹是您的，但写字的其实是我。

也许，在这个不信教的年代，人们难以相信我的故事。不过您可以把下面的三个预测告诉他们，肯定能说服他们。第一个，大学者 J.J-N 将受到一位乡村老师的蛊惑，大约会在明年 6 月中旬公开与罗马教会和解，届时他会把全部身家捐给教堂。第二个，9 月 7 日，他连着 9 个小时滴酒不沾，这会让他的邻居们大吃一惊。最后，同一天里，W.B 和 A.B 会一意孤行，以我的名义再出一本年鉴。

从前，我被禁锢在肉体这个黑色牢笼里，它不停地折腾我，我几乎在酒精和烟雾中迷失了自己，现在我解脱了，未来将要发生的事情也一下变得清晰可见。我会帮助您，经常告诉您将要发生的事情，帮您把年鉴写得更好。

您的朋友

T. 利兹

我个人完全相信上面这封信。如果您不相信，那就请仔细观察那三个预测，如果它们没有如期而至，到时候再不信任我也不晚。

您的穷朋友和仆人

R. 桑德斯

每个人都应该以足够的勇气去承受、去分担其他人的痛苦。

空口袋站不直。

历史不走歪路，是国家和时代的最大幸运。

明面的敌人使人遭殃，伪装的朋友却更加可怕。

狼吃羊不过偶尔为之，人吃羊却是数不胜数。

舌头虽然软绵绵没有骨头，轻轻动动却可能压断脊梁骨。

嫉妒对美丽视而不见，见到瑕疵却总是过目不忘。

嘴巴伤人，耳朵招祸。

穷人腰包空空，乞丐分文没有；朱门酒冷肉臭，富人还嫌不够。

有人心惰，有人身懒。

谁说杰克不大方？他喜欢给予，不在乎接受。——但只限于忠告。

别怕死：我们死得越早，永垂不朽就越久。

承诺交友易，食言造仇敌。

我们总能在别人身上看到缺点，对他们求全责备；我们越是挑剔别人的小瑕疵小污点，就越是对自己的大缺陷大问题视而不见。

对别人说话，看他的眼睛；别人对你说话，看他的嘴巴。

研究所有人，别忘了研究自己。

追求美德，品行高尚。其他的就等着上帝的赏赐吧。

害怕做坏事，那你什么都不用怕了。

嘲讽易树敌。

吝啬守财固然愚蠢，奢侈浪费同样可耻，花钱买后悔药才是最笨。

谁认识傻子，也一定能认识他兄弟。因为从一个身上就能看得出另一个。

不义之财不能碰。恶行一旦沾身，无药可救。

别人助我，铭记不忘；我助别人，不图牢记。

如果想拥有空闲，好好利用时间。

借钱给敌人，俘获他；借钱给朋友，失去他。

不奉承，不贬损。

牢记过去，享受现在；对待未来，别畏惧也别过高期待。

最好给舌头套上缰绳。喋喋不休白费口舌，滔滔不绝吓跑听众，谁愿意听无穷无尽的闲扯？

没有野兽吼叫不算森林。

玩笑出门，嘲弄回家，两个人早晚开始吵架。

把怨恨放在心里，大喊大叫只会让自己遭殃。

在谴责他人罪恶之前，先凭良心看清一切。

愤怒和愚蠢同行，悔恨紧随其后。

发现自己懒惰时应该感到害臊。

二十岁欲强气盛，三十岁拥有智慧，四十岁明断是非。

债务的背上骑着谎言。

身无烦恼事，自得悠闲心。

妻子在丈夫眼里完美无比，外人才看得到瑕疵，但为了情面，也只好装作毫不知情。

邪恶不来，我们的恐惧便是杞人忧天；邪恶来临，我们的恐惧便是雪上加霜。

若不想让敌人知道你的秘密，就对朋友也要保密。

起来，懒鬼，别消磨时光了；等你死后，自会长眠。

做得好，事半功倍。

说话别故弄玄虚，别用更含糊的希腊语来解释英文。

官阶改变人的态度。

人越聪明，犯起傻瓜来越麻烦。

一方肯认错，争吵不起来。（一个巴掌拍不响）

坚决不做坏事，哪怕快乐诱惑你，利益吸引你，野心腐蚀你，先例开脱你，劝说动摇你。这样你才能过得快快乐乐，良心平安才是永远的圣诞节。

1742 年

友善的读者：

这是我第9次创作卷首语了。我第一次出版年鉴的时候老老实实地承认自己穷，您也因此大发善心，我明白自己得到的鼓励很大程度上是你们的慈悲为怀。这一点我的同行不用占星也心知肚明。穷理查的成功成为了先例，不消说，接下来会有穷威尔、穷罗宾、穷约翰等等。我们的名字会排成一排，被人指着，挖苦我们是一伙写年鉴的穷鬼。不过我可不怕，过去这9年里，我什么样的苦没吃过！同行们轮番披挂上阵对付我！正直的老泰坦已经死了又给拽了回来，被迫加害自己的老朋友。年鉴作者和出版商反倒怒气冲冲，把我大加咒骂。他们狂热地想把我排挤掉，让我从你们的视线中消失，他们不承认我是我自己作品的作者，而且声称我60年前就不在人世了，又预言我将在一年内死去，还有其他自相矛盾的恶意攻击。他们说："谁认识他呀？他住在哪儿啊？"这关他们自己什么事儿呢？这一切只不过是出于对我成功的嫉妒。我喜欢过安静的日子，他们有权力硬把我扔进喧嚣里吗？我就是要隐瞒自己的住所，像我这样的老家伙应该为自己的退隐作打算了。

我每天不但要计算星座、评估天象、确定数据，而且要找出小偷、寻找偷马贼、揪出逃犯或者走失的畜生，就算这样还有人带着问题蜂拥而至：我的船能平安归来吗？我的马能赢得比赛吗？我的小马能溜蹄了吗？我老婆什么时候才死？我会嫁给谁？我的第一次婚姻还有多久？什么时候理发合适？堆干草呢？收割庄稼呢？我腻烦了，这些不着边际的问题我再也不想看到了。这些恼怒的人怎样刺激我，我也不会告诉他们我住在哪里，绝不。

最后一个与我为难的星相家是J.J-N，他宣称，去年我在年鉴中作的有关他的预言完全是错误的。他强烈抗议，对神起誓我是一个冒牌的预言家。他说他和罗马教会的和解是大错特错的预言。但是他越是抗议越是声明，我越是感觉这事千真万确。在他的论调里我抓出了两个肯定自己判断的佐证：他把11月1日称做万圣节，这其中罗马教会的意味足够强烈吧？或者他只是想玩个文字游戏？当然，还有更明了的，他崇拜圣人，他年鉴的第4页有这样的话：

每当麻烦上门，
我便祈求亲爱的玛利亚。

难道他以为世人会那么蠢，还看不出这些？难道他以为世人会那么无知，不知道天主教徒崇敬圣母？唉，老约翰，我承认你不是个差劲的诗人，但你也铁定不是个新教徒。我衷心地祝愿你在宗教上和诗歌创作上都越来越好。

您的穷朋友和仆人
R.桑德斯

有手艺的人才能发财。
想拖到明天的事，今天就做完。
工人做工少不得工具，律师行业少不了诈取，循规蹈矩谁也活不下去。

看望姑婶，也别天天去；看望兄弟，也别夜夜去。

有钱还有礼，才是真绅士。

呆子敲破脑袋也不会变得聪明。

常转动的纺织机干活快。

少吃饭，少买药。

睿智的人会谨慎行事，他知道如何收获信仰、名誉和心灵。

吃饱了鱼，别再想牛奶。

防百病的铜墙铁壁，莫过于节制和禁欲。

作恶，欢乐消失，痛苦留下；行善，痛苦消失，欢乐留下。

人皆有过，改之为圣贤，不改成魔鬼。

钱和人同气连枝：人造假钱，钱坏人心。

勤奋总能还债，放弃加重负担。

红布激怒公牛，希望催人急走。

聪明人从他人的教训中学习，笨人从自己的苦头中受益。

每一年都把坏习惯像旧年历一样撕掉，越是难舍越应割弃。

健康、长寿之道：

吃喝要量力而行，别危害身体，别损害心智。

脑力劳动的人不应该和体力劳动的人吃一样多，因为他们消化不好。

凡事不能过度，包括吃肉和喝酒。

吃饭是为了需要，而不是为了享受，享受从不在乎需要。

想不想长寿、健康、心智机敏？饮食适度，用劳动消化食物。

饮食适当的原则:

如果吃到身体不适,无法学习,无法做事,那就是吃太多了。

如果饭后身体发沉,头脑发蒙,那就是你贪饮暴食了。吃喝只是为了补充精力,愉悦身心。一点点减少食量,直到身体恢复正常。

尽量回避宴请和聚餐;欲望不在时易控制,好酒在手时难停口,其他事情也是同样道理吧。

如果谁沉湎于酒食,免了他的下一餐。午餐吃得多,就别让他吃晚餐。慢慢地他会少犯毛病,一切恢复正常。

适度的饮食使人远离疾病,身体能更好地应付外来的侵袭,不容易受冷热和劳累的侵害,即使不幸患了病,也能更快恢复健康。

适度的饮食有助保持感觉灵敏,能抑制狂热,提高记忆力、加强理解力,也能平息火热的情欲。

坏脾气常源于暴饮暴食。

1743 年

友善的读者:

我希望人人都能尽享上天的祝福,不过懂得用野葡萄酿酒的人寥寥无几,因此,我要公开多年积累下来的酿酒窍门。人们按我的方法可以自己酿出香醇味美的红酒了。这酒可以放上好几年,而且味道不比法国红酒逊色。

9 月 10 日开始采摘葡萄(先采最熟的)一直到 10 月底,清理掉蜘蛛网和枯叶子,把葡萄放到大罐或者朗姆酒桶里,酒桶要洗净,并且启掉一边桶盖。接下来,有地窖的话最好把酒桶放到地窖里;没有地窖就放到屋里最暖和、离地面两英尺的地方。葡萄在桶里沉底以后，续上新的，连续3到4天，就可以赤脚到酒桶里踩葡萄，但不要多过半小时；然后把桶调过来，再进去踩一刻钟，时间要控制好，不然未熟的葡萄也压出汁来会影响整桶酒的味道。榨汁完成之后，用厚毯子盖住酒桶，没有地窖或者天冷的话，盖两块厚毯子很有必要。

葡萄汁开始了第一次发酵，猛烈地发酵会持续四五天，听到劈啪炸响别吃惊。当桶内声响没那么厉害的时候，发酵才算停止，这时在离桶底不到6英寸的地方开个小气孔，每天两次从桶里汲出一点葡萄汁。什么时候汁水很清澈了，就可以把汁水倒到新桶里。换桶要注意比例，如果大酒桶能装20蒲式耳，新桶必须至少20加仑，因为一蒲式耳葡萄滤去茎和皮大概可产出一加仑。换了新桶的葡萄汁就可以进行第二次发酵了。

每20加仑葡萄汁最后可酿出1加仑或者5夸脱葡萄酒。酒桶一定要装满，塞孔朝上，每天早晚打开两次。把存放在罐子或者瓶子里的葡萄汁灌到酒桶里。灌完之后用手指或汤匙刮去因为发酵而浮到塞孔口的葡萄籽或者其他杂质。就这样一直灌到圣诞节，如果已经灌满了，那就尽情品尝吧，或者你也可以选择用力摇动酒桶，把酒换装到另外的桶或瓶里，一直到来年2月都可以这么干。

在这漫长的过程中，有一些值得注意的地方：要等霜降后，天气非常干燥再采摘葡萄。不要让小孩靠近葡萄酒，酒桶的味道是很刺激的。如果你准备出售葡萄酒，或者把它们运到海外，最好滤出四分之一，加入白兰地。从藤上采来的1蒲式耳的葡萄至少可以酿出1加仑的葡萄酒，方法得当的话，也许可以得到5夸脱。

酿酒的内行不用看这里的方法了，这些方法只是给那些不熟悉的人初学的。

您的穷朋友和仆人

R. 桑德斯

迪克告诉他妻子，他要许一个愿：不管她许什么愿，上帝都不让它实现。"是吗？"妮尔说，"听到这个我真高兴，因为，亲爱的，我要祝你长寿。"

睡着的狐狸找不到食。起来！起来！

要想发财，多省少用：支出等于收入，拥有印度群岛也不能使西班牙富足。

想做好生意，实干；不想的话，变卖。

众神旷日持久地争吵不外乎是：是这样，不是这样，是这样，不是这样。

经历是一所宝贵的学校，而傻瓜什么也没学会。

1744 年

友善的读者：

这是我第 12 次用年鉴为——为谁？——公众服务。如果您相信，那证明您慈悲性善，如果不信，也请相信这些明摆着的事实：为我自己服务，同时还有我那平和的、安静的、优雅的布里奇夫人。不过，不管我的工作是不是能使公众受益，我必须承认公众一直使我受益。你们善意的帮助使我过上了舒坦的日子，我满怀感激并希望继续接受恩惠。

是的，我的对手 J.J.-N 想通过比我提前一年提出预言来超过我。他在 1743 年的年鉴中抢先给大家预测 1744 年的事件，说 1744 年将发生一次日全食。他的原话是："1744 年 4 月 1 日，将要发生一次大的日全食，约从日落前 1 小时开始，出现在白羊座的火星附近。4 月 7 日，日食的天相将影响到政界，达官贵人争论不休，互相敌视。"我很高兴地，也由衷地替达官贵人们高兴，因为这个预言落空了，他们依然活得相亲相爱，和和平平。我提醒 J.J.-N 的读者不用费神去观察这个捏造出来的日全食了，你们望得两眼昏花，也不可能看到日全食的影子的。正好，我可以把"冒牌预言家"的称号双手奉还 J.J-N 先生。几年前因为我预言他将与罗马教会和解，他一怒之下送了我这个名头，老熟人之间互相起外号可不怎么雅观。我只是提醒他，他的读者可不一定像我这么好欺负，也许他们会觉得他有意在愚人节这天捉弄他们，让他们出门干瞪眼，等待并不存在的日全食。其实，他早已经年年找借口搪塞天气预报的错误了，这些借口总是漏洞百出，比如"人非圣贤，孰能无过。"或者"许多矛盾的事总会同时发生，正像夏天的风雨一样难料。"在日全食这件事上，这些理由似乎帮不上他了，我很期待他还能翻什么新的花样出来。

今年的年鉴除了增添了天体的运行以及月亮和其他天体的汇合这些常识，惯常的体例没有大的变化。喜欢天文的人大可以很方便地翻到这些知识，学会分辨不同的天体。

您的穷朋友和仆人

R. 桑德斯

谁独自享用了苹果酒，谁就自己去追马。（没有愿意帮助自私鬼）

什么人强壮？克服陋习的人。什么人富有？知足常乐的人。

不结婚的男人只是半个男人。

想做什么人，就真正努力去做什么人。

如果你想请走一个麻烦的客人，借钱给他。

说话尖酸交友难，一匙蜜比一瓶醋更能吸引苍蝇。

欲速则不达。

吃得少，喝得也少。要想做得更好，做到不愿吃饭只想睡觉的地步。

勤劳，坚毅和节俭能生财。

祈祷和喂草不耽搁赶路。(必要的事什么情况都要做)

听从理智,不然它也会逼着你那么做。

面包是昨天的好,肉是今天的鲜,酒是去年的香。

劳动使人光彩,懒惰使人生锈。常用的钥匙最光亮。

避开诱惑,上帝就会帮你避开罪恶。

骄气涨多高,财富散多快。

万恶源于淫食。

真朋友不逢迎,逢迎不是真朋友。

财富越多,管理越细。

家有一老,如有一宝。

哪里有恐惧,哪里就有仇恨。

痛苦的经历是一剂良药。

工人干活靠手,老板干活靠眼。

舌头虽软,抽人却狠。

平易近人,别人才乐于接近。

人生一世,挚友难寻。

畏惧上帝,你的敌人才有可能畏惧你。

丈夫给爱发脾气的妻子写下的墓志铭:我可怜的布里奇躺在这里,她安息了,我安心了。

1745 年

友善的读者:

为了公众受益,也为了自己获利,我第 13 次编写年鉴,并期待着人们像接受以前的年鉴一样喜欢这一本。

我会继续标出天体的运行。不熟悉的人可以学习下面的方法,很快就能学会把它们和恒星区别开了。

我们在天上看到的那些发亮的星星叫恒星（除了行星），因为它们之间相隔同样的距离，离黄道差不多远，它们升落的地点也一样，就像是许多固定在天空上的清晰的点。其他五颗星的运行各有特点，互不相同，于是它们的距离也不尽相同，它们叫做行星，分别是土星、木星、火星、金星、水星。它们和恒星的区别是它们不发光。

五大行星中最亮的是金星，看起来也最大。最有意思的是，金星在太阳升起前出现，我们叫它启明星；在太阳落山时出现，我们叫它长庚星。

木星看起来和金星差不多大，但没那么亮。

火星红得像烧红的铁块，微微地闪动，是最好认的一颗行星了。

土星看起来比水星小。水星因为离太阳太近，不容易看得到。

元月 6 日您能看见年鉴上 10.35 这个位置标了代表水星的符号，意思是水星将在晚上 10 点 35 分升起。同样的，元月 10 日另一个符号出现在 7.13，就是说金星会在晚上 7 点 13 分出现，如果您一直朝西看的话，就能目送这颗美丽的星星消失了。而在元月的 18 号，您会发现又一个符号标在 9.18 的旁边，这就意味着晚上 9 点 18 分你就可以看到土星了。

想了解行星，也可以注意它们和月亮交汇的时间。如果你在元月 14 日早晨 5 点仰望星空，您会发现土星离月亮很近。同样的，只要观察这些天体的升落和与月亮交汇的情况，就不难把它们和恒星分开了。

祝神保佑你，感谢您过去对我的关照。

您的穷朋友和仆人
R. 桑德斯

当心小恩小惠，一条小裂缝可能弄沉一艘巨轮。

战争带来伤痛。

瘪瘪的钱包会带来坏运气。

多行善事，常作奉献。

人们往往连续撒上 6 次谎，也不愿讲 1 次真话。

自负比怨恨更容易遭到非议。

时时想着出风头的人是笨蛋。

挥霍的人反而小气。

对待上帝敬畏和热爱，对待邻居正直和仁厚，对待自己谨慎和冷静。

轻佻的母亲让女儿蒙羞。

选对妻子，生活好舒适；选错老婆，日子一团糟。

防恶习易，治恶习难。

人人都可以吹嘘自己诚实，但真正有资格的没有几个。

利益让一些人眼瞎，让另一些人心亮。

教训中学来的一丁点经验，胜过书本里教出的一大堆知识。

人们总是打听，谁是穷理查？

他是谁？他住哪？从没听他说。

为了多少满足你的好奇，

让我说一说我和我老婆。

感谢好心的读者和细心的老婆，

我享受幸福，日子过得安闲舒适。

我负责写作，她负责酿酒，

她让荒山变成美丽的绿洲，

平整的田地出现道道犁沟，

谷仓堆满了丰收的粮食，

累累的硕果酿成醇香的美酒，

还有那干燥的奶酪，甜甜的黄油。

我们读书寥寥，

但是智慧的光芒照耀心头，

高尚的美德伴随左右，

告诉我们什么是正派，什么是真理。

真诚的朋友常常和我们一块儿喝酒，

一起度过快乐的时光。

我们饭菜正好，饮食不愁，

我们的大门总对穷人敞开，

又自动挡住朋党之争，不为少数人的利益昏头，

我们所爱之人为大众福利奋斗，

泛滥的邪神歪教可蒙不住我们的双眼，

即使它能把芸芸众生一次次哄诱。

从不矫枉过正，更不走火入魔，

夸夸其谈只能让道德饱受折磨。

从不愚蠢地把善与恶混淆，

虽然界限模糊不清。

也不莽撞行事，扎进一头，

那危险的黑暗深渊，

步步小心，在正路上走，

上错了道，就驱逐那层层包围心灵的毒蛇。

掂量手段、动机和目的，

完善自我，朝至善努力。

我们的灵魂真诚，我们的目标清楚，

没有空虚的荣耀和虚伪，

成功，我们感谢上帝；失败，我们甘受惩罚。

满怀希望归隐山林，相信上帝付出爱。

水井枯竭时，方知水珍贵。

好妻子和好身体，财富全都在这里。

爱吵架的人得不到好邻居。

绫罗绸缎可以扑灭厨房的火。（好衣服能讨老婆欢心）

邪恶自知丑陋，总是蒙面出场。

自欺欺人是世上最容易的事。

女人和美酒，娱乐和欺诈，使财富变少，贪欲增大。

站着的农夫也比下跪的绅士高大。

美德乃幸福之母。

慷慨之心最不在乎钱，却最怕没有钱。

人穷样样缺。

你热爱生命吗？那么别浪费时间，因为时间乃生命之本。

通情达理人人需要却没几个人有，但大家都觉得自己一点不缺。

舌头总是碰上痛牙。

粗心比无知更有害。

鼓起勇气，就算死了，也会永垂不朽。

责备之所以令人难受，是因为它说了真话。

最大的愚蠢就是炫耀自己的聪明。

休闲的生活和懒惰的生活是两码事。

发疯的公牛缰绳拴不住，发疯的国王条约制不住。

换床治不好发烧，换国王换不到好管家。

真正的伟人不会踩死一只虫子，也不会挤掉一个国王。

虚假的好客就是打开了大门却又拒绝露面。

1747 年

友善的读者:

　　这是我第 15 次一年一度地为您服务,我希望咱们互利互赢,再次成功。年鉴里通常包括的星相占卜、生活常识和节气信息随着一年光阴的离去,也会变得一文不值,因此我尽量插进道德箴言、劝谏格言和睿智妙语,多数言简意深,想让年轻人印象深刻,受用终身。哪怕年鉴烂成废纸,我也作古,能有一句话被人记住就是我的大幸了。我还不时地插进一两句笑话,尽管它们只能博人一笑,但也许会有轻佻活泼的读者单单因为喜欢看笑话而细读了整本年鉴,也许有那么一两句寓意深刻的话能改变他的一生。每个月的题头诗也是出于同样的目的而设计的,虽然其中没有多少是我自己写的。如果您爱好文字,自然不难分清哪些是好诗,哪些是滥作。不过,咱们都清楚,我并不是诗人出身。我写诗不过是兴之所至,写些大自然和我熟悉的那些星星。如果别人的诗妙语连珠,我何苦把自己粗制滥造的糟粕拿给读者呢?就像有美味佳肴不拿出来,偏要拿些粗茶淡饭来招待客人。请您一定放心,我会拿出最好的款待您。

　　谈到这,我要满怀敬意地提出已过世的泰勒先生,他是我们这一行的泰斗,也是荣耀。在过去的 40 年里,他一直在为这片土地和土地上善良的人们提供年鉴。他是个天才的数学家,也是个资深的星相家,还是个颇有造诣的哲学家,不过最要紧的是,他为人实在,真诚可靠。

您的穷朋友和仆人
R. 桑德斯

想做国之栋梁，很可能铩羽而归；想做高尚之士，有可能获得成功；而与自己赛跑则十拿九稳。

没有朽木的树木少见，全是好人的家族难得。

倒霉的人没人了解，走运的人又常常并不了解自己。

看世事有时要圆睁双眼，有时又要假装不见。

暗中敬重好人的坏人不算太坏。

勇敢要出动的时候，让谨慎阻拦他。

骄傲就像痛风，难以彻底治愈。

事实胜于雄辩。

正是买小东西让许多人败掉了家。

容易满足好过贪婪无度。

说时间够了，其实时间永远不够。

不探听秘密是明智的，不暴露秘密是诚实的。

忍受不了他人激情的人，也难以激起自己的激情。

1748 年

友善的读者：

> 从一个星球到另一个星球，
> 我看到无数闪亮的太阳，金光四射的广阔海洋，
> 我要追寻每颗彗星，走遍四方。

扑通一声，我的艺术女神又跌回了散文里，诗歌终究不是我的长项啊，正像鱼跃出水，没了空气，也和瞎扑腾一样，这样的飞行是短暂而沉重的。

我们这个国家有些年份的冬天着实冷得厉害，不过和这块大陆北边的英属殖民地的居民经历的严冬比起来，我们的冬天差不多都可以算夏天了。这块殖民地在哈得逊彻奇尔流域，北纬 58 度 56 分，西经 94 度 50 分。米德尔顿船长去过好几次，1741 年和 1742 年的冬天，他一直逗留在那里，探查了通往南海的西北通道。他是皇家协会的一员，所以理所当然地向协会作了报告，下面就是他的记录的摘录：

9 月到 10 月初，家兔、野兔、狐狸、斑鸡开始换毛，毛色变得雪白，一直到第二年的春天。

人们还没弄清楚冻土层有多深，但是夏天最暖的时候挖到地下 10 到 12 英尺，土层还是硬邦邦的。人们融化雪水来做饭、酿酒，因为掘井掘得再深，也无法成为不结冰的泉水。内陆的所有淡水一进 10 月就上冻了，一直到来年 5 月才开化。

冬天冰层甚至会达到 10 或 12 英尺，一些浅一点的湖泊潭水会一冻到底，所有的鱼虾全冻死。而近海的河流和较深的湖泊却是打鱼的好地方，整个冬天都可以捕鱼。只需要在冰上打洞，放进鱼线和鱼钩就能钓到鱼，而且不会脱钩，因为鱼一吊出水面，就立即被冻成冰块。

当地人把钓上来的鱼处理一下保存在冰雪里保鲜。在入冬的时候宰杀牛、猪、羊和鹿，也杀鹅、鸡等家禽，留下皮毛，把内脏和肉保存在冰雪里，能一直保存到来年六七月间，一点也不腐坏，而且味道鲜美。

大的湖泊河流的冰面有时候能被憋在水里的空气胀破，建造房屋的石块、梁木、橡木和树枝会被冻裂发出劈啪的炸响，声音恐怖，大到像是万枪齐发。冻裂的岩石会碎成很大一堆，在山坡上形成一个个大洞。如果把水盛在铜锅里，用不上天亮铜锅就会冻裂。瓶子里的啤酒、白兰地、葡萄酒乃至盐水在白天室外放上个三四个小时，就会冻成坚冰。

房屋的墙是用至少 2 英尺厚的石头砌的，窗子小小的，四周是粗粗的木条。冬天一天最多也就开 6 个小时的门，不然屋子会冷得无法住人。家家都有地窖来存放葡萄酒、白兰地这些驱寒的酒以及其他一些怕冻的东西。屋子里每天至少也得有一大半的时间烧着火，啤酒、葡萄酒才不会结成冰，每家每天要烧掉 4 大堆的木头。木头一开始烧成炭，马上用铁板压住烟囱，这样可以让屋子更暖和一点，但是空气不畅会让屋子里的人很憋闷，还有煤气中毒之虞。即便这样，只要断火断上四五个小时，内墙和靠窗的墙面就会结出二三寸厚的冰，白天用小斧子才能清理掉。如果你见到家家户户把 24 磅重的铁球烧红，挂在窗户上不要奇怪，那只是为了给从窗户缝里吹进的冷风加温，以防把人吹坏。

出门的时候，人们需要先穿上布袜和厚袜子，3 双粗毛呢袜子，再套上鹿皮鞋。裤子用法兰绒做衬里，上身要穿二三件英国夹克衫，还要罩上软毛或者皮外套，头上戴一顶水獭皮大翻毛帽子，一定要大到能够盖住脸和肩膀。脖子上围上绒毛围巾，手上戴上水獭皮制成的两指大手套，用绳子连起来绕过脖子挂上，戴手套时手和胳膊肘齐平，才能让身体尽量少散发热量。就算是这样，一旦刮起北风，在户外的人还是免不了冻个半死。很多人都有手、胳膊和脸冻出水疱的惨痛经历。如果从寒冷的户外冒失地进入暖和的屋里，皮肤便会脱落下来，甚至有人的脚趾头都被生生地冻掉了，可是常年呆在家里或是躺着的人又很少有不患上坏血病的，许多人因此丧命。防治这种病其实很简单，只是对当地人有些不现实，那就是加强锻炼，多做户外活动。

冬天，北风裹着雾气。这雾气是无数细如发丝的冰柱，像针尖一样锐利。如果没有保护好自己的脸和手，让这些冰柱扎到皮肤上，会立即涨起水疱，皮肤会变得像亚麻布一样苍白，针眼部位会变得像牛皮一样厚硬。如果没能及时处理，那么患处会感觉火辣辣的，皮肤很快就会脱落，同时流淌出大量清水一样清亮的液体。抢救的方法是立刻离开雾气，马上脱下手套，用手揉搓起水疱的部位；如果还是不行，马上找个火堆，把受伤的部位泡到热水里，消融掉水疱里的液体。整个冬季的五六个月里，几乎每次出门都可能遇上这种大自然的袭击。那个鬼地方实在是冷到了极点，再坚硬的东西、再强健的身体也不可能挺住寒风的折磨。

我友善的读者，一点点西北风吹起来就筛糠发抖，大喊大叫："太冷啦，冻死了！"您愿不愿意把家挪到那个地方去？还是老老实实呆在宾夕法尼亚吧，感谢上帝指引您的祖先找到了这样一片美好的土地吧。

您的穷朋友和仆人
R. 桑德斯

小偷小摸上绞架，一命归西；窃国大盗坐宝座，呼风唤雨。强盗们洋洋自得，这一切和小百姓有什么关系呢？

你也许比某一个人精明，但不可能比所有人都精明。

1473年2月19日，名扬世界的天文学家哥白尼诞生了。他的贡献在于发明了现在已被大众接受的日心说。这个大胆的理论与其说是发明，不如说是复兴，毕达哥拉斯在将近2000年前也有类似的说法。哥白尼日心说认为太阳处在宇宙的中心，地球是太阳的一颗行星，每

365 天 6 小时左右绕太阳一周,并且同时进行着周期为 24 小时左右的自转,这就是我们的一年和一天。在哥白尼之前,托勒密的天动说才被认为是最正统的理论,它认为地球是恒定不动的,太阳则绕着地球转。当代的惠斯顿先生曾经说,太阳比地球大 23 万倍,又相隔 8100 万英里。这样一个庞然大物要在 24 小时移动 8 亿 8000 万英里,就好像是一个巨球围着一颗小沙粒转动,简直是不可思议的奇观!很明显,哥白尼的理论合理多了,我不得不说托勒密就像一个异想天开的厨师,煎肉饼的时候他不是想着如何翻动肉饼,而是想着把肉定住,让厨房来围着肉转。

理性太多,信仰太少,不能成事。

不想冬天害胸膜炎,夏天发烧腹泻,就别暴饮暴食,过度兴奋。

骗子就像荨麻,你善待它,它却蜇你。

1727 年 3 月 20 日,天文泰斗、哲学伟人艾萨克·牛顿爵士逝世,享年 85 岁。蒲柏先生为牛顿立的墓志铭备受赞誉,字里行间充满理性、勇气、崇高和力量:

自然和自然法则藏在黑夜里,

上帝说,要有光明,于是牛顿出现了。

和傻瓜生活,生活只有吃吃喝喝;和智者生活,生活充满反省思索。

你对别人好,其实是对自己最好。

只有半桶水才叮当响。

杰克恋爱了,你就不能再问他吉儿漂不漂亮。(情人眼里出西施)

大多数傻瓜认为自己仅仅是不知道。

1644 年 10 月 14 日，政治家、社会活动家、宾夕法尼亚的开拓者威廉·佩恩诞生。作为这块殖民地的伟大创建者，他仁慈又稳重，一心为人民谋解放，他把人民的幸福作为自己一生的追求。我们没有理由因他的后人声名显赫而妒忌。他的子孙从这样一位祖先的智慧和善良中受益才能取得现有的一切。怨恨使人丧失理性。

1704 年 10 月 28 日，约翰·洛克先生去世。这个人被誉为"微观世界的牛顿"，汤姆逊评价他说："他统治了整个内在宇宙"。

他在写给世人帮助理解自己思想的论文里说："微观世界是个艰涩的词，一般人认为微观宇宙就是小世界，也有人称人类个体就是一个个小宇宙，因为每个身体里都包含了宇宙的四种基本元素。我必须得在这里作一些纠正。正像一位作家用希腊语曾经说过的那样，人类被称为'小世界'才是合适的，因为他更像是个'微观宇宙'。"

什么都吃，什么都喝，什么歌都听，什么艺术都欣赏，什么书都爱读，这会是多么幸福的一个人啊！非得把自己弄得美丽、优雅、完美、规范，什么过错和不足都无法容忍，这会是多么可怜的一个人啊！一个处处看不顺眼的人只能是一个所谓的有品味的人。

原谅恶就是伤害善。

不能容忍他人的缺陷正是因为自身修养不够。

要想过一个舒心的圣诞节就别让餐桌成为陷阱，请和穷人一起分享上帝的恩情。

财富往往和不满足结伴而行。

聪明人从他人教训中学习，蠢人才从自己的苦头中受益。

1692 年 11 月 7 日，过去那个时代最伟大的学者之一——罗伯特·波义耳先生与世长辞。他是把气泵用于实践的第一人，他挖掘出了空气的奇妙特性，给了我们许多惊喜。他不仅在自然史和化学上卓有建树，而且他的严谨和努力也同样令人敬佩。

> *波义耳，在最黑暗的领域里，*
> *虔诚地探寻，*
> *寻找伟大的造物主。*
>
> *——汤姆逊*

他的例子说明了无知是开拓之母，真才实学和极度虔诚是完全可以兼得的。

我们不时会在书中看到将领对着成千上万的士兵发表战前动员，不免感到有些不可思议。那么多人怎么能都听到他的演讲呢？我们设想人们紧紧地挤在一起，每个人占用两英尺的空间，这样 100 平方码的场地就能容下 15000 人，一公顷就能站 21780 人，而最远的士兵离将领也只有 100 码。

人狂必吃后悔药。
说话能显智慧，但行动才表真意。

1546 年 12 月 18 日，伟大的宗教改革家路德去世。他常年素食，滴酒不沾，有时候一连 4 天吃斋饭，或者一连多日只吃面包和鲱鱼。西塞罗说："吃得苦中苦，方为人上人。"其实还可以加上"不吃素中素，难算苦中苦"。正是这个柔弱的素食者给了欧洲的教皇暴政以猛烈的一击。

弗朗斯蒂先生、哈里博士、德汉先生一致认为，声音一秒可以传播

1142 英尺，也就是说，4 分 58 秒跑完 1 英里，而且只要周围存在空气就可以。声音的速度是固定的，风并不能减慢它的速度；慢吞吞的语调和响亮的声音跑得一样快；不同的声音，比如钟声、枪声的传播速度也是一样的。

花好一分钱，能办成一块钱的事。

每只狐狸都会变老，但没有狐狸能变好。

专横先蒙蔽你的双眼，然后让你一意孤行。

宾夕法尼亚的女士们闻不惯阿拉伯的香料，人们也听不懂中国的丝竹之音，吃不惯精致生鲜的日本菜，住不惯异国情调的豪华宫殿。但是不管是世界的哪个地方，高尚的人，行善的心都是一样的。

泠泠 4 月，盈盈 10 月。（4 月冷而雨水充沛，才有好收成）

知足让穷人富有，不满让富人变穷。

吃得越多，嘴巴越刁。

1626 年，伟大的小人弗朗西斯·培根爵士去世。说他伟大是由于他的才华和常识；说他小人是因为他的卑躬屈膝，侍奉一个腐朽的朝廷，奉承一个渺小的君主。蒲柏对他的评价最为恰当：

若才华让你迷失，想想光芒四射的培根，
这位最睿智、最渊博、最卑劣的伟人。

如果激情把持油门，那让理智来管刹车吧。

不轻信、不争吵、不赌博、不借债，平平安安活到老。

饮酒适当，头脑灵光。

挑剔爱情，爱情也挑剔你。

1564 年，宗教改革家约翰·加尔文在日内瓦去世。他和路德一样节欲克己，甚至有过之而无不及，常年事务繁杂，管理教会，回复宗教革新的信徒，给牧师答疑解惑。即便这样他一年内还能讲演 186 场、布道 286 场，保持每年出一本大部头著述。他差不多不吃肉，睡眠极少，所有的时间都用来工作，虽然他 55 岁就死了，但并不短寿，因为睡觉和懒惰并不应该算进活着的时间。

庆幸灾祸并没有结伴而来吧。

不同的教派就像不同的钟表，虽然报时稍有偏差，但都接近准时。

你对前程还是心里没数？

你的生活还是庸庸碌碌？

你搭弓放箭，却发现没有箭靶？

小男孩追逐纷飞的鸟雀，

举起弹弓和石块，从一棵树到下一棵树，

白费力气，一无所获。

生活就这样疲于奔命？

有病万不能延误，

一旦发病，蔓延全身，

嚎啕大哭，求医问药，

名医也无能为力，神仙也束手无策，

倾尽家产，只能苟延残喘，

一万个医生来会诊，健康还是回不来。

可怜的人，这些教训记心中，

为自己的厄运而怒气冲冲，

却不遵从人类崇高的道德。

反省自我，相信睿智的主，

给你留好了凡间的归属，

全力争取吧，千万谨慎啊。

勇敢走过生命中的全部旅程。

贫穷不丢人，感觉丢人才丢人。

做到比邻居更好，你就是个有理想的人。

聪明人从敌人身上夺取力量，笨蛋从朋友身上榨取便宜。

骄傲是对一个好人的最后考验。情境不同，骄傲各异，有时甚至戴着谦卑的面具。善变的骄傲让有些人以衣着整洁而沾沾自喜，让有些人以不修边幅为荣。

声称自己不骄傲，并不意味他真的很谦虚。

宽容消除伤痛，报复带来伤痛。

天赋禀异但莽撞狂妄，是人生最大的不幸。

故意伤害的你不如敌人，睚眦必报的你和敌人齐平，宽宏大量的你比敌人高尚。心无愧，身无畏。

1642 年 1 月 25 日，伟大的学者，现代天文学泰斗——艾萨克·牛顿爵士诞生。然而，我们自吹自擂的渊博知识和主比起来又算得上什么呢？如果主观察我们的行为，亲临我们的事务，我们的全部科学知识在他眼里也不过是比无知强一点点罢了，我们啧啧称赞的博学之士不值得让他眨一眨眼。偶尔，我们之中出现了一位伟人——一个亚里士多德或者一个牛顿——也许才能凭着自己的伟大成就，让主产生一点兴趣。这些伟绩对主那些崇高的娱乐模仿得不错。

致富之道：

规则一
致富在于节俭。挣钱的本事有高有低，省钱的本事人人都做得到。

规则二
今日事今日毕，工作要仔细，
未来捉摸不定，拖延耽搁往往带来意外危机，
财富可爱，却不易抓紧。

规则三
毫厘之失，些微之获，皆不放过，
日日努力，小小土丘亦可成山峰；
珍惜每一点收获，避免每一丝挥霍，
涓涓细流亦可成大江大河。

1750 年

友善的读者：

　　许多作者都希望能留下美名，这是他们写作的最大动力。然而，可惜的是只有为数不多的人能做到这一点，而大作能像古代大家的名著一样世世代代耳熟能详就更为成功，也更为稀有。星相家也和作家一样在追求名誉方面殚精竭虑，历尽辛苦观察星相，费尽心机计算轨迹，每每年关，看到人们把自己的一番心血丢入纸篓，不免感到心痛。正像劳而无获的西西弗斯一样，日复一日，年复一年，无时无刻都在把一块大石头推向缪斯之山，却永远达不到山顶，石块总是在接近顶峰的时候轰然滚落。唯一可以安慰的是，我们的年鉴虽然命短，却总比

大多数人命长。

好心的读者，这是我第 17 次重复这样的工作了。您一直以来对我的支持没能给我戴上荣誉的桂冠，但至少让我小有收益，其实这也很好，因为人们活着时从布丁里得到的满足比死后得到赞誉实在得多。

去年的年鉴出了一些纰漏，有些责任在作者，大部分责任则要归咎印刷商。他们承认了自己的过错，承担起各自的责任，希望读者能谅解他们，让他们亡羊补牢。

8 月份的第 2 页上提到 120 是 28 之后的第一个吉祥数字，这是错误的。120 不是一个吉祥数字，仅次于 28 的吉祥数字是 496。第一个吉祥数是 6，对数学题感兴趣的读者能不能自己算出第 4 个吉祥数字呢？

3 月份的第 2 页里提到地球的圆周接近 4000 英里，实际上应该是 24000 英里，2 字漏掉了。明眼人能看出这是印刷商的错，他们滥用辅音，吝啬元音，比如，在印刷诗歌时，把"made（做成）"弄成"mad（发疯的）"（后者比前者少一个元音 e）；再比如，把"warped（反常的）"弄成"wrappd（包起来的）"（后者比前者多一个辅音）。这样一搅，意思就全给破坏了，只有读音上还算押韵。原谅还是抓住不放这些错误，就由读者自己来决定吧。如果看头一遍的时候没有正确理解我的意思，那就很可能一错到底，因为您十有八九不会再看第二遍了。

印刷商应该对数字和字母格外用心，一字不同意思就会相差万里。据我所知，在新一版的英国国教祈祷书里就有这么一句话："就在一眨眼的瞬间，我们全都改变。"因为漏掉了一个字母，"changed（改变）"变成了"hanged（吊死）"。这样的例子不胜枚举。当教徒们第一次读到这样的话时一定会大感惊讶吧。

好心的读者，衷心祝愿您和家人今年幸福。

您的穷朋友和仆人

R. 桑德斯

钻石虽然坚硬难破，内心却更加深奥难懂。

饥饿最能让人胃口大开。

冷静才能驾驭人心，狂热只会受制于人。

如果不是为了填饱肚皮，身上早已披金戴银。（温饱第一）

要制服别人，自己先要刚正不阿。

骄傲的人和乞丐叫得一样响，而且无礼得多。

悲痛除了导致罪恶以外一无是处。

许多人以为自己拥有快乐，殊不知自己已经成了快乐的奴隶。

贫穷而诚实，殊为不易；空口袋难站直，一旦站直硬邦邦。

虚心接受批评，努力认真改过，哪怕不够聪明，离聪明人也不远。

要指出别人的污点，先擦干净自己的手指。

碰洒朗姆酒，不过是喝不上酒；贪饮朗姆酒，酒没了人的魂也没了。

适当的无知才能虔诚。

写作是一项多么令人心潮澎湃的发明：有了写作，我们就有了一个不开口也能表达心声的方法。他只需要 22 封信就可以用 5852616738497664000 种不同的表达方式对远在 1000 里以外的人们，甚至是跟未来对话；一个人可以写一本书记下万千世界。可惜写作这项优秀的艺术没能记下它自己的发明者。

事务过多，错误难免。

换床治不好发烧，换心情一样糟。

小斧子砍倒大橡树。

没有受过教育的天才如同埋在矿山中的银子。

很多人靠头脑生活，又因为脑袋不够用而破产。

如果自己犯错能原谅，为什么不能原谅妻子犯错？

谦逊是美德，忸怩却是缺点。

有才不用，留着何用？日晷放在树阴下，也不过是个空架子。

一知半解最无用。

蒂姆博学多才，会用九种语言说"马"；蒂姆愚蠢无知，买头奶牛当马骑。（四体不勤，五谷不分，看再多的书也没有用）

黄金时代总不是当代。（人对现实永远不满）

沾祖上的光让人脸红，给家族争光才是荣耀。

玻璃、瓷器、声誉，打烂容易补好难。

1751年

友善的读者：

占星术是最古老的学问之一，在古代备受贤士和学者重视。在以前，没有哪位君主在决定宣战或是讲和时，没有哪位将军在出兵争战时，会不先去求问占星家的。一句话，每每决策一件大事，必定会有占星家的身影。占星家观察天体的方位和其它种种星相以确定吉日，可是现在，这样一门高贵的技艺已沦落到备受鄙夷的地步。大人物对占星师视而不见，国家结盟、议会制定法律早已不再征询我们的意见。除了为收庄稼或者阉猪占卜吉时，占星术再无用武之地。

无知的芸芸众生啊，一定是受到了什么人的怂恿，不然哪敢如此轻视神圣的旨意。掌管天文的缪斯女神一向被那些她赐予了高超技艺的孩子们出卖，这些最杰出的天文学家，这些牛顿们、哈雷们、惠斯顿们违背了良心、肆无忌惮地贬低她、谩骂她。这么多人里，只有惠斯顿在其有生之年敞开了心扉，作了忏悔。他在早期著述里曾经把占星术斥为奇谈怪论，并且宣称不仅是恒星，行星也离地球太远（太阳和月亮除外），不可能对地球产生任何影响，所以也就不可能根据它们的方位作出什么预测。一直到 82 岁——也就是 1749 年——惠斯顿出版了回忆录，在第 607 页，他预言土耳其帝国、奥地利王朝、德意志王朝和罗马教皇制等将在 1766 年突然崩溃，同一时间犹太民族将复兴，持续千年的至福也将开始。据他所说，不仅《圣经》已经预言了这些，而且"天文异象也在警示人类这些事件的到来。这些异象包括 1715 年以来出现的北极光、新教改革时 4 年出现的 6 次彗星（1530 年、1531 年、1533 年和 1534 年），加上另外 7 年出现的 7 次彗星（1737 年、1739 年、1742 年、1743 年、1744 年、1746 年和 1748 年）。还有 1748 年 7 月 14 日出现了一次大月环食，其中心点穿过从苏格兰到东印度群岛的 4 个君主国。从月食以来，卯宿星团的星蚀每隔一定月份就在月亮附近出现，持续 3 年左右，整个罗马帝国都看得见。赛亚预言里，毕宿星团也出现类似的星蚀，持续了 6 年。1753 年 4 月 25 日水星划过太阳，罗马帝国全境都看得到。还有，在 1456 年、1531 年、1607 年、1682 年出现过的彗星将在 1757 年底或者 1758 年初再度出现，罗马帝国的全国人民都看得到。还有，1761 年 5 月 26 日金星划过太阳，罗马帝国全国也都看得见。最后，1764 年 3 月 11 日将有日环食发生，罗马帝国全境也都看得见。"说到底，他就是根据这些星相作预言的，推断未来 16 年中将要发生的重大事件。"至福千年将要开始，届时将出现新的天相，新的世界，基督教的世界里将不再有异教徒，坦布里奇也不会再有赌台。"如果这些预言能够一一实现，那么毫无疑问，将是对占星术的一个有力证明。如果预言失败，那么像惠斯顿这样学识渊博的天文学家肯定能找到别的星相来佐证异教徒的皈依将会推迟，至福千年延期来到。对这些大事作了预言后，谁还会怀疑我们有能力预测下雨或者转晴这些鸡毛蒜皮的小事呢？再见，读者，好好利用您的好时光和您的年鉴，按照惠斯顿所说，您不仅会拥有，而且会多多拥有好时光。

您的穷朋友和仆人

R. 桑德斯

不要烧别人的房子煮自己的鸡蛋。

得意时露缺陷，逆境中见品质。

罗马人花了477年也没有想到类似日晷这样的计时器。他们的第一个日晷是瓦莱里乌·穆萨拉从西西里岛带回来的。118年后。西皮奥·那西卡发现了一种在阴天也能计时的工具，让水从一个容器流进另一个容器，有点像沙漏。相较而言，钟表计时算是非常现代的发明。至于用各种各样稀奇古怪的方法让计时从小时精确到分，又从分精确到秒，那是我们父亲那辈人做的探索，现在的钟表已经做得精确考究多了。

很幸运，现在衡量时间已经有了一个统一的标准，宝贵的时光被划分成一个个相同的小时，勤奋的人正好好好利用每一块时间来做好自己的工作，挥霍时间就是挥霍金钱。我认识一个值得称道的女士，她非常清楚时间的价值，而她的丈夫是个手艺精湛的制鞋匠，但是从来不在乎时间。于是她反反复复地向他灌输时间就是金钱的观念，但是无济于事，结果这位丈夫自食其果。当他和游手好闲的朋友在酒馆里厮混时，如果有人说："已经11点了。"他会说："11点算什么啊？"如果她妻子让儿子捎话，告诉他已经12点了，他会说："着什么急啊，才12点嘛。"快到1点时，他又说："让她别急，不会晚过1点的。"

如果我们丢了钱，心里难免不舒服；如果被人骗了或者抢了钱，我们也许会发怒。钱丢了还可能找回来，钱被抢了或许还能追回，但时间就像东逝水，一旦失去就再不可复得。我们浪费时间，还以为它一文不值，以为它毫无用处。

很多人财产越聚越多，心肠却越变越坏。

我们可以提出忠告，却无法越俎代庖。

爱情和牙痛有很多药方，但只有"要或不要"才是根治良方。

显微镜这一伟大的工具给我们这个时代的人呈现了一个从未见过的世界。它展现在我们眼前的东西没有一样不让我们惊奇，没有一样不激起我们的好奇。

无论是一片普通的荨麻叶子、一根野燕麦的芒针、一块鹅卵石，还是一片雪花、一粒沙土，甚至是自然界几乎所有的东西，放到显微镜下都会变得格外美丽，大多数精雕细刻的人工艺术品都相形见绌。在它们面前，这些让人类引以为傲的艺术品不过是无规律的、畸形的、粗制滥造的一堆东西而已。

年轻时活跃而冒失，年老后谦逊而稳重；没长熟的玉米穗总是傲然挺立，沉甸甸的玉米穗总是垂下脑袋。

压抑一个欲望容易，满足接踵而至的欲望才难。

不要从一个人星期天的打扮来判定他是否有钱、是否虔诚。

适度拜访朋友可以增进友谊，但不要常去。

财富并不属于你，它生不带来，死不带去。

什么比金子贵？钻石；比钻石贵的呢？美德。

今天是昨天的学生。

如果世俗之物不能使我免于死亡，那它也阻碍不了我得永生。

向朋友坦承错误是很大的信任，指出他的错误是更大的信任。

贪婪处心积虑积攒起来的，常常被野心愚蠢地挥霍一空。

巨轮可以多多远航探险，小船需要紧靠岸边。

会吃的人难遇一顿美食。

聪明而勇敢的人勇于承认错误。

没有能力才会去要阴谋诡计。

回望历史，一个现代人需要古时多少男人和女人通力合作才降临人世的呢？往回推想，数字是不断成倍增长的，当初的一件大衣现在只能换一颗半分钱的纽扣。这就是思考的乐趣。

如果，现在的贵族是   1 人

他的父亲和母亲就是   2 人

他的曾祖父和曾祖母们   4 人

假设亲戚之间不存在通婚，那么再上一辈   8 人

再上一辈   16 人

再上一辈   32 人

再上一辈   64 人

再上一辈   128 人

再上一辈   256 人

再上一辈   512 人

再上一辈   1024 人

再上一辈   2048 人

再上一辈   4096 人

再上一辈   8192 人

再上一辈   16384 人

再上一辈   32768 人

再上一辈   65536 人

再上一辈   131072 人

再上一辈   262144 人

再上一辈   524288 人

再上一辈   1048576 人

仅仅推算了 21 代，按 100 年繁衍 3 代计算，就已经回溯到了诺曼底人入侵的时代。不考虑血统不纯的情况，每一个当今的贵族在当时应该拥有 1048576 个高贵的祖先。再往前 300 年，这个数字会达到 500 万以上，这也许比当时生活在地球上的人都多。这说明了纯正的血统是不存在的，任何吹嘘其祖先血统纯净的行为都不过是个笑话而已。

因此，虽然我们能看到一个民族拥有自己区别其他民族的一些特征，但实际上不断地通婚还是使得所有人在血缘上都有联系，就像一个家庭的成员一样，只是这个家庭非常大而已，从这个角度看来"500 年前一家亲"是对的。

高傲的人讨厌高傲，却是在别人身上的。

谁最有资格评判一个人，他的敌人还是自己？

酗酒是所有缺点中最糟的一种，它让一些人变成傻瓜，一些人变成禽兽，一些人变成魔鬼。

厄运无处不在，人人难逃它的如来掌心。

马掌没了钉子就废了，马儿没了马掌就废了，骑手没了马儿就废了。

苍蝇不去沸水，忙人没有闲客。

灾祸和腾达是人格完善的试金石。

挥霍比贪心更害人。

慷慨之心皆相似。

受到伤害能宽恕是高尚，能不在乎是有气量，这些都比寻求报复来得好。

亲兄弟不一定是朋友，但是朋友一定亲如兄弟。

吝啬催生傲慢。

人类真是奇怪的生物，一半人批评自己做的事情，另一半人做自己批评的事情，剩下的说该说的，做该做的。

严厉往往意味着仁慈，反之亦然。

给予越多的人被要求给予的也越多。

越能忍耐的人越需要忍耐。

傲慢吃的是虚荣，喝的是轻蔑。

太顺从别人就是跟自己过不去。

饭前开会，饱肚子不想思考，也不愿干活。

勇者贤者常常心存怜悯，懦夫傻瓜总是冷酷无情。

仪式不一定带来文明，文明也不一定需要仪式。

人要实现一半的愿望，先得解决双倍的麻烦。

木工的工具出问题麻烦，医生的工具出问题更惨。

孩子和君王都常常为鸡毛蒜皮争吵不休。

把夸奖强加于人，是严重的强奸。

成功毁掉了很多人。

1753 年

友善的读者：

　　这已经是我第 20 次以这种方式和您交流了。一直以来，公众对我的劳动都给予了肯定，我以此为荣。尤其令我高兴的是，我的天气预报得到了普遍的认可，我推算天气非常细致。雨雪、风霜、冰雹、酷热、雾气、雷电全都准时地降临到我们的这一小块土地上，但我们研究所依据的星星离我们又是那么遥远。我的年鉴一般在北方的殖民地流通，但我还是得让我的年鉴有更广的用处，所以我观察南北两个半球，从哈得逊湾一直到合恩角，天气可是涉及民生的大事情。

　　今天的年鉴还是老样子，和国会法案的新规定保持一致，这一条我在去年的年鉴里已经提前通知了。新条例是对原来条例的修订，对我们没什么影响，它只对英格兰的一些商业事务做了一些从前没有的规范。每个月的第 2 页增添了一栏，进行新旧规定的对比，这样做就足够了。为了给您提供更多更好的东西，我尽量把前言压缩得短些，您一定会原谅我的，恕不赘言。

您的穷朋友和仆人

R. 桑德斯

发火总有原因，但总归不占理。

认为金钱万能的人，常常一切为了金钱。

坏伤口可以治愈，坏名声很难去除。

落魄时，难得的是别人还认识你；得意时，难得的是你还认识自己。

微薄的奖赏也胜过最高的赞扬。

上帝、父母、师长的恩情无以为报。

没算成本就建房，是愚蠢的；建房之前算成本，又会漏洞百出。

大难临头，方知祈祷。

要想锅里有蜜，先要嘴里有蜜。

一副会听的耳朵胜过一百张会说的嘴巴。

服侍上帝就是服务于人，而祈祷是最容易的服务上帝的方法，所以大家都喜欢祈祷。

最寒碜的莫过于一心高攀。

不知足的人找不到一张舒适的椅子。

渴望得到的礼物需要付出，它从不会白来。

如何保护房屋免受闪电袭击？

上帝一定会很高兴，因为人们终于找到了保护自己房屋免遭雷劈的方法。办法是这样的：准备一根足够长的小铁棍，可以找钉匠帮你做一根。棍子的一头缠上 1 英尺左右的铜丝，铜丝要毛衣针那么粗，顶端削尖。然后把铁棍插进潮湿的地面 3 到 4 英尺，有铜丝的一端要高出建筑的最高点 6 到 8 英尺。用几根小 U 型钉把铁棍固定到房屋上，如果房屋或者谷仓是长方形的，要在两端各固定 1 根，再用一条铁线顺着屋脊把两根铁棍连起来。装备上这个，房屋就不怕闪电了，因为铁棍的尖端吸引闪电，闪电的能量被导入地下，也就不会造成伤害。同样的，船只也可以在桅杆顶上固定一根削尖的铁棍，棍子连一根铁丝，顺着支桅索伸到水里，这样有闪电的天气也可平安无事了。

1754 年

友善的读者：

我为您服务很长时间了，我年纪也大了，不过还有一点余热，再干上个十年八年应该没什么问题。

我们星相家有时候甚至会到王宫里施展才华，从巴比伦国王时代到英格兰的詹姆斯一世，我们见证了人类的历史。但是我想最早的星相家还应该是老实的农民，最后的星相家应该也是农民。我的兄弟查曼、莫尔和我是这个国家仅存的三个写年鉴的人，我们都是农民。我怎么知道最早的星相家是农夫呢？星相术肯定比我们有记录的人类历史要早，星相的出现肯定比文字早。

想想黄道十二宫吧，一年中连续好几个月都和农事相关，就算是没有年鉴的年代，人们也能靠这个了解农时。也正是因此，古代的一年大多是从春天开始的，白羊座和金牛座也暗示了这个季节羊羔和牛犊大量繁殖，牛羊不断增多；双子座是孩子的意思，所以叫双子，是因为山羊生产一般都是两胎；接下来是巨蟹座，因为螃蟹是这个季节上市的特有美食；往下数到了狮子座和处女座，三伏天是狮子出来为害、少女活泼多动的时节；秋季是由天秤座领起的，收割和出售作物时，常常要打起官司，这个时候最需要的是公正。当然也有很多人认为天秤座代表平衡的态势，而这个时候白天和黑夜正好一样长，但是我们应该注意一下接下来的星座，天蝎座尾巴上的那根刺理所当然是代表为错误而付出的代价；再下来是人马座，正好呼应着狩猎季节的来临，随着树叶掉落，猎物更容易被发现和射杀；摩羯座象征着舞蹈和雀跃，而这个时节正是漫漫严冬，白天短暂黑夜漫长，只适合狂欢、盛宴、豪饮；宝瓶座非常契合这个充满风雪、洪水的季节；最后是双鱼座，上溯迁徙的鱼儿又快回来了。赶快备好衣服，补好渔网，就算捞不到河鲱，还有鲭鱼，捕到它们，腌好鱼干，用它们就陈年的苹果酒，别有一番滋味啊。

友善的读者，你们大都希望看到年鉴有一篇前言，如果没翻到，就觉得自己被轻视了。现在您看到了前言，又能从中受到一点启发。如果它没能达到这个目的，那其他的年鉴恐怕差得更远了。您看，我应大家的要求没有塞些常用的材料，我可不想把年鉴弄得太厚，我想现在这样就能满足大家的需要了。

您的穷朋友和仆人

R.桑德斯

低级的愚蠢是自以为是，高级点的是处处炫耀，最厉害的是自认老子天下第一。

留神甜酒中的酸味，注意好脾气的人发火。

敲钟召集别人去教堂，自己却不听布道。

剪掉母鸡和希望的翅膀，别让它们把你拖垮。

在河流和腐败的政府里，渣滓浮在上面。

戴手套的猫永远逮不到老鼠。

想知道金钱的价值，只需要向别人借点。

马和骑手目标不同。（同床异梦）

爱邻居，但不要拆掉篱笆。

跨上马背就想抛弃马鞍，只会立刻摔下来。

在这个世界上，人所以得救，不是因为信仰，而是因为没有信仰。

友谊不需要客套，但需要礼貌。

别轻易表扬，别轻易批评。

有学问的傻瓜比无知的人更会用漂亮的语言掩饰自己的无知。

小孩子以为 20 先令的金钱和 20 年的时间永远花不完。

别以为只有自己聪明，而忘了别人也聪明。一颗聪明的脑袋抵不过一颗半聪明的脑袋。

自以为正确的地方常常犯下大错。

拥有朋友，就像君王有了权杖。

缺乏辨别力就什么都缺乏。

很多国王像大卫王一样犯过错，却极少有国王像大卫王一样忏悔。

不走霉运的人也会被好运折腾得心烦。

一生难免穷老，需要未雨绸缪。正像冉冉旭日，迟早总会西落。

勤奋长学问，谨慎能致富，胆大有官当，行善上天堂。

帮助穷人才能圣诞快乐，感谢上帝又让我们过了幸福的一年。

1755 年

友善的读者：

世界这一半的人不知道世界那一半的人是怎么过日子的。为此，在前几年的年鉴里，我介绍了哈德逊湾的生活习俗，那里严寒之下的生活听起来离奇古怪，就像《天方夜谭》一样，那都是千真万确的。今年，我再跟您讲一个热带的国家，人们想当然地以为那里的天气一成不变，燥热如火。但这次常识错了，那里的气候变化多端，诡异得令人咋舌。

为了调停英国和法国学者对地球形状的争论，国王派法国学者布盖先生测量赤道某处的纬度，同时派另外一些学者到北极圈的拉普兰地区做同样的工作。在布盖先生的工作日记中记录了那个热带国家高入云天的山峦，与之相比，我们最高的山也不过是一堆堆鼹鼠丘而已。

今年年鉴的编写方法和往年没什么不同，不过在第3栏里添加了一点内容，我标出了一些主要恒星的名字以及它们在晚上9点钟运行到子午线的日子，届时不熟悉的新手们可以仔细观察。

您的穷朋友和仆人

R.桑德斯

人穷目无法律，先取得温饱才遵守法律。

次铁锻不出利刃。

狼一年一换皮，本性却从来没变。

什么人明智？兼听的人；什么人有力量？不冲动的人；什么人富有？知足常乐的人。这个富人是谁？没人。

饱暖思邪欲。

智慧之门永远向人们敞开。

植物大都有用，人类中却有很多废物。

工人干活靠手，主人干活靠眼。

尝着蜂蜜，想着苦胆。

无知不可耻，不学才真羞。

上帝肯回馈勤奋任何东西。

勤奋克服困难，懒惰制造困难。

小错不补，酿成大错。

长命不一定活得好，活得好一定长命。

与缺点作战，与邻居善处，一年会比一年好。

1756 年

友善的读者：

我的年鉴只不过是给您提供了日历、吉日、月亮周期变化、太阳月亮的升落、潮汐和天气的预报，但我还是相信您买我的年鉴是物超所值的。我每年都勤勤勉勉，孜孜矻矻地观测天相，给您准备好天文知识。今年将会介绍土星的公转。然而，我不想让您仅仅学到这些天文上的知识，还想帮助您增识益智、发财致富。于是我在年鉴的空隙插进操守之道、格言妙语、兴旺之道，见缝插针，让读者谨记诚实、理智、勤奋、节俭才能给人带来利益。把美德牢记心间，身体力行，您就大有可能更聪明、更富有，收益远比买年鉴花的一点钱多得多。我也不会因为这个就提高年鉴的价格，相反的，我一直感谢各位对我的关照和支持，我附送的这些身心两修的窍门就是希望遵守它们的人福气不断、幸福永远。

您的穷朋友和仆人

R. 桑德斯

要想省出钱，以下几点不可不看：

1. 想买新衣服，先看看旧衣服。看看洗干净了，缝补好了是不是可以再穿 1 年。记住，衣服多 1 个补丁，口袋多 1 分钱。衣服有补丁总好过负债后收到法院拘票却没钱拿走它。

2. 想买瓷器、中国或者印度丝绸、其他易坏又没有实用性的工艺品。我不会指责你，非要你不买，但我还是要说，推迟 1 年再行动，这样也许可以换来你的不后悔。

3. 喜欢喝混合甜酒、葡萄酒或茶，一天两杯足够了。第二年每天减到一杯，如果做到了再争取两天一杯；如果一星期只喝一杯，那么就降到两周一杯。如果能做到只减次不加量，花在饮品上的钱就省下了一大半了。

4、喝朗姆酒时，掺一半的水。

做到了这些，到年底时，就能省下大把的英镑了。虽然钞票可以成捆成捆地印出来，但要想得到它就得付出一定的代价。用我说的这些办法省下钱却不费什么力气，国家也会真正富起来，生意上欠下的旧账也能还清了。

法律太温和，就没人在乎；太严厉，就无法实施。

麻烦来自懒惰，辛苦来自安逸。

不嗜吃，才能不犯懒。

恃才自傲，就像被强光照花了双眼；恃德自傲，就像解药吃过了头。

有钱就挣，挣到守好，这就是点石成金的诀窍。

诚实的人不受不义之财和不实之誉。

好了，我的朋友，现在已近年关，如果您是位商人，那么您应该开始清查账目了吧。弄清楚过去的这一年是赚还是亏，赚了多少，亏了多少，调整经营方法，优化消费开销。您这么做是值得称道的，但还不够，您还需要自省，您的日常举止有没有不妥？不良的习惯有没有克制？道德情操有没有完善？扪心自问，这一年里自己是不是变得更好、更聪明、更富有了呢？如果一个人没有自己的灵魂，那么就算拥有整个世界的财富，又有什么意义呢？对道德毫不看重的人，或许可以成为百万富翁，但在别人眼里还是一个不折不扣的穷鬼。

说和做不一致，只能分道扬镳。

指出我的错误，也要改正你自己的缺点。

1757 年

友善的读者：

　　对我们每一个人来说，健康都是生活中最重要的。我们每时每刻呼吸的空气是否清洁，我们居住的环境是否理想都会影响我们的健康。这些因素对生活在这个世界上的每一个人都很重要，这已经不仅仅是生活得是否愉快惬意的问题了，更是生活的基本需要，因为一个病快快的家庭不可能兴旺发达。

　　我听说，有些人开始饲养我在去年年鉴中推荐的牛种，我特别快慰，真感谢接受了我的建议的人们。当然，我还要感谢其他人，他们时常向我提出个人的见解以便使年鉴更好，他们带给了我很多感动。

您的穷朋友和仆人

R. 桑德斯

耍威风的人，也都是从卑躬屈膝开始的。

想是一回事，说是另一回事。

干得最快的是眼泪。

造个烟囱容易，让烟囱常有火难。

让傻瓜闭嘴不礼貌，放任他说下去太受罪。

舍不得鱼饵钓不到鱼。

人们掩盖错误往往比改正错误更尽心尽力。

一个今天抵过两个明天。

　　一个人的力量非常有限，仅凭个人能力做不成什么大事，但是人是生活在社会之中的，可以借助别人的力量来有所作为。一个人只有获得别人的信任才能获得别人的诚心帮助；一个人只有感受到了别人的真诚，才会信任别人，因而一个伪君子终将露馅，终将一事无成。他无法获得信任，也就无法获得帮助，只能孤军奋战。即使他真的有所成就，那么从他的动机方面看也没什么可以炫耀的。

　　真诚的魅力无法抵挡。
　　最恶劣的敌人也会束手无策。
　　她朴素简单，无需精明。
　　她胸怀坦荡，无需言表。
　　谬误在她面前变得丑陋畸形，
　　其他美德离开她也荡然无存。
　　光明的源泉啊，助我一臂之力，
　　守护我的心灵，检视我的言行。

　　永远不会有真正保险的办法。
　　别人的女人别招惹，别人的钱财别贪图。
　　像你能活一百年那样工作，像你明天就要死去那样祈祷。

　　人们都知道为一个玩笑而冒失去朋友的危险是愚蠢的，但很少有人想到爱开玩笑是多么容易失去朋友。有人觉得自己很了解朋友，拿朋友穷开心没有任何顾忌，却没有想到被自己的朋友伤害，伤口会有多深。最亲密无间的友情也不能保证可以肆无忌惮地胡开玩笑，所以随便开玩笑的人实在愚蠢。

聪明过了头就成了自欺欺人，
微笑并不总能化解伤人的玩笑。

人们总是选择把怨恨深藏心底，
表面温和，但内心却隐隐作痛。
我们满以为这样的伤口可以自然痊愈，
我们错了，伤口未好又去碰，
雪上加霜，无法摆脱，
化脓溃烂，终成大错。

讽刺一个人的为人和举止令人难以忍受，若要拿别人的宗教信仰开玩笑就更让人忍无可忍了。人们对自己信仰的宗教总是深信不疑，无论是因为别人的影响，还是出于自己的坚定。所以，老老实实的普通人信奉灵魂救赎，容不得别人随便开玩笑。研究宗教的人对宗教的信仰更多地来自头脑，而不是心灵，但他们的狂热丝毫不亚于真正的信徒。嘲弄批评他们的信仰无异于嘲讽他们的智慧，当然会激怒他们。他们的反击言辞激烈得常常令一般人望尘莫及。那些本来有教养，只是一不小心触犯他们的人更是会瞠目结舌。

归隐并不就是拥有美德，城市里有好人，山林间也有坏人。

闲懒是一片死海，淹没一切美德。只有积极工作，诱惑才伤不到你，因为呆住的鸟儿总是容易被射中。

为了谋生而学习法律、物理或者其他技艺，一开始可能很艰难，很心烦，但只要勤奋、耐心、坚持，烦恼就会一天天平静下来。努力会助你戴上成功的桂冠，你会超过那些在学习中马虎、懒惰、浮躁的竞争者，成为你那一行的权威，获得工作，获得财富，等到你老的时候才能过上休闲而体面的生活。

> 在靠近西班牙的漫长海岸线上，
> 几座岛屿屹立在汹涌的浪涛中，
> 诗人传诵动听的歌谣，
> 那里住着擅长投射的古老民族，
> 每战必胜，奖品靠自己去夺取。
> 每个婴儿，要经受艰苦的修炼，
> 想得到果腹的食物只能靠本事，
> 孩童们九输一赢，
> 飞石总是偏离准心，
> 坚持不懈，熟能生巧，
> 生死线上的挣扎换来举重若轻。
> 旋转胳膊，石块飞出百发百中，
> 击中的猎物颤抖着从高空坠落。
> 学艺之道，必循序渐进，
> 数月的努力换回终生的技艺。

> 财富多多行善，否则上帝会按你行善的数量扣回你的财富。
> 舌头伤人，耳朵招祸。
> 所有的罪恶都将随时间而苍老，只有贪婪永远年轻。

有一些古代思想家认为，人幸福与否取决于内心感觉，而不是外界环境。无论给他什么都不快乐的人，永远都不会拥有幸福。所以说，想要幸福，必先知足。古代思想家没有告诉我们如何才能知足常乐，就让穷理查教给大家一个秘诀吧：向下看那些不如你的，别向上看那些超过你的。如果这样还不能给你带来幸福，那你活该不幸福。

1758 年

友善的读者：

一个作者最大的快乐莫过于看到其他出名的作者赞许地提到或者引用自己的作品，可是我很少享受到这种快乐。我作为一个有那么一点名气的年鉴作者已经干了整整四分之一世纪了，可是不知道为什么，同行总是更受欢迎，别的作家也从来不注意我。我的创作并没有给我带来稳定的收入，缺乏掌声的鼓励对我的打击更是不小。

于是我不得不安慰自己，大众才是最好的裁判，他们肯买我的作品正是看到了我的优点。每次我在没人认识我的地方闲逛，如果有人在引用我的这句或者那句格言警句的时候加上一句"这是穷理查说的"，我简直飘飘欲仙，这不但说明我的工作得到了认可，而且说明我获得了一些权威呢。我得承认，为了督促自己牢记和重复那些至理名言，我在引用自己的话时相当地慎重。

不久前，我骑着马去一个商品拍卖会，现场人头攒动。拍卖还没开始的时候，人们在聊天，大都在抱怨生活艰难，其中一个人对一位衣着朴素、白发苍苍的老者说："亚伯拉罕神父，您说说吧，现在这世道怎么样？苛捐杂税会不会毁掉这个国家呢，我们根本就付不起这么沉重的赋税。您给我们说说要怎么办呢？"神父站起来说："如果你们非要问我的建议，我的话不多，因为聪明人一句话足矣，喋喋不休装不满箩筐。穷理查是这么说的……"人们敬重老神父的直言不讳，纷纷围到他身旁，听他继续说下去。

"朋友们，乡邻们，赋税确实非常沉重。如果只是缴纳政府摊派的那一部分，还可以承受，可是我们还有许多其他的苛捐杂税，我们不堪重负。但是不妨想一想，如果我们闲散起来，赋税会翻两倍；如果我们傲慢无理，会翻三倍；如果我们愚蠢无能，就会翻 4 倍，这些赋税永远落在我们身上，哪怕有好心的税务官给我们豁免一部分。我们能做的只有接受现实：自助者天助。穷理查是这么说的，在他 1736 年的年鉴里。

如果一个政府剥夺它的人民十分之一的时间为了纳税而工作，这就是一个冷酷的政府。然而，如果我们想想自己又有多少时间是无所事事，碌碌无为的，有多少时光是在无聊和找乐子当中白白流逝的，我们会发现懒散占用的时间其实要多得多。劳动给生活增添光彩，而懒惰只会让它锈迹斑斑，懒惰还会引发疾病，缩短寿命。常用的钥匙才光亮。穷理查是这么说的。如果你热爱生命，那么别浪费时间，因为时间是生命之本。穷理查是这么说的。我们在床上赖过了多少本不应该浪费掉的时间，贪睡的狐狸没食吃。生前何必贪睡，死后自会长眠。穷理查是这么说的。时间是世界上最宝贵的东西，浪费时间是世界上最大的挥霍。穷理查是这么说的。

他还在另一个场合告诉我们，时光一旦逝去就永不回来，我们有时会说时间还够，其实一点都不够。赶快行动起来吧，做点有意义的事情。努力工作，多干实事，就少些困惑。懒惰眼里无易事，勤奋眼里无难事。穷理查是这么说的。日上高杆才起床，星光满天还得忙。懒惰走路慢吞吞，贫穷很快就追上。穷理查是这么说的。做工作的主人，别做它的奴隶；早睡早起身体好，钱包鼓，脑袋灵。这也是穷理查说的。

光在那里祈求好时光有什么用呢？只有自己努力，时光才会变好。勤奋自有福，不需上天赐。穷理查是这么说的。不劳就无获，光靠希望活着的人死得快。我们没有土地，就算有，交的税也够喝一壶的，所以致富还要靠勤奋。有手艺的人攒财富，有事做的人获名利，手艺好好用，工作好好做，因为你的财富和机会都要上税，只有发愤工作才能不愁肚子饿。穷理查说过类似的话。勤快的人家贫穷只敢偷眼望，地主警察也不会找上门，因为勤奋总能还上债，绝望才会使负担加倍。穷理查是这么说的。勤勉是好运之母，就算你挖不到宝藏，就算你没有富亲戚留遗产，你也永远不会受穷，穷理查是这么说的。在懒鬼睡大觉时，勤勉的人在努力耕田犁地，庄稼卖出之后就能稳稳地拿到钱，上帝赐予勤勉一切，但却不会给懒鬼任何东西。穷理查是这么说的。今日事今日毕，一个今天抵得上两个明天，没有人能知道明天会有多少分心事，如果你是仆人，偷懒时被主人逮住了，你会不会害臊？而你在偷懒时自己警醒过来，你就是自己的主人。什么时候你能明日事今日毕。那你就是圣人，穷理查是这么说的。

　　既然你得为自己，为家庭，为君王，为国家担起重担，你就得早起多干，可不能让太阳晒屁股。要做的太多，你也不算什么壮汉，只有一点一点踏实地干才会有收获。水滴石穿，只要勤奋耐心，老鼠也能咬断锚链，小斧子也能砍倒参天树。穷理查是这么说的，至于在哪一本年鉴里，我可一下子记不清了。

　　我有时听人说，难道一个人不应该让自己放松放松吗？我的朋友，用好时间，自然有空闲；但是你要是把握不住1分钟，就别扔掉1小时。穷理查是这么说的。空闲时间，也是用来做有益的事情，只有用功的人才能得到真正的空闲，而懒鬼永远没有。休闲的生活和懒惰的生活完全是两回事。懒惰会比劳动更让人感到心安理得吗？不，麻烦来自闲懒，辛苦源于安逸。穷理查是这么说的。许多人不干活，只凭小聪明吃口饭，终有一日会因为脑汁不足而破产，只有勤勉才能带来富足、舒适和尊重。勤转的纺纱机干活快。放飞快乐，快乐就会跟随你。我有一头羊和一头牛，人人见我都问候。这些都是穷理查说的。

　　除了勤勉，我们还要扎实、稳定和细致，睁大眼睛处理好自己的事务，不要太依赖别人，不要太相信别人。穷理查说过，我从没见过经常移植的树会比扎下根的树繁茂，也不曾见过常搬家的家庭比安定的家兴旺。三次搬家顶得上一次失火；看好你的店铺，店铺才不会抛弃你。想搞好生意，就干；不想搞好生意，卖掉。只有握住锄头，推动犁头，才能发财。

工人干活靠双手，主人干活靠双眼。不盯紧干活的人，等于敞开了自己的钱包。所以说，缺乏管理比不学无术更糟糕，而过于放手让别人来管理也毁掉了不少企业。正如穷理查在年鉴里说的，在这个世界上，人所以得救，并不是靠信仰，而是靠没有信仰。自己管理是大有好处的，因为穷理查说过，专心的人长学问，细心的人发大财，胆大有官做，行善上天堂。还有，如果想有一个忠心耿耿、讨人喜欢的仆人，只能是自己给自己服务。他还建议我们，哪怕是在琐碎小事上，也要谨慎小心，因为千里之堤毁于蚁穴，失之毫厘，谬以千里。少一颗钉子马掌就毁了，少一只马掌马儿就毁了，少了马儿骑手就毁了，也许就因为一颗钉子敌人就会赶上你，杀掉你。

花钱买不到后悔药，可是愚蠢的事每天都在发生。穷理查告诉我们，聪明人善于从别人身上汲取教训，傻瓜却从自己的苦头中受益。很多人为了穿着打扮不惜饿肚子。穷理查说，绫罗绸缎能讨得妻子的欢心，但它并不是生活的必需品，也没有为生活提供什么便利，它们是靠闪亮的外表让人们趋之若鹜，人类对奢侈品的渴求超过了正常的需要。穷理查说，人穷样样缺，乱花钱买减价货也是奢侈浪费，绅士变穷汉，不得不低声下气地向从前瞧不上的人借钱，而勤勉和节俭的人将一跃成为绅士。站着的农夫比跪着的绅士高，这些绅士享有别人留下的一点财产，自己并没有能力挣来财富，他们却因此以为这世界永远都是白天没有黑夜，以为拥有这么多，挥霍一点不要紧，就好像小孩子和傻瓜总以为20先令钱币和20年时光都是永远花不完的。穷理查是这么比喻的。然而，米缸只往外掏不往里添，一下就见底。穷理查说，水井枯竭时，才想起水珍贵。如果你想了解金钱的价值，去借一些钱吧。负债的人常常忧伤和悔恨，而债主去收债时也不免忧伤和悔恨。

穷理查还有忠告：沉迷穿着打扮，是一大不幸，欲壑难填的时候，看看兜里有多少钱。

买了一样装饰品，还得再买十样来配。穷理查说，压住第一个欲望容易，满足接踵而至的欲望难。穷人和富人攀比，犹如癞蛤蟆拼命胀鼓身体变成一头小牛，愚蠢至极。巨轮可以多远航，小船最好靠岸边。

不过，愚蠢的举动必然招致惩罚，因为骄傲既然与自负为伍，就也要品尝蔑视的味道。穷理查是这么说的。骄傲早餐吃富足，午餐吃贫穷，晚餐啃丢脸。既然骄傲要冒这么多险，要受这么多苦，一脸傲气又有何用呢？它既不能增进健康，也不能缓解痛苦，既无法使人高尚，又只能勾起嫉妒，招来霉运。

蝴蝶是什么？不过是穿了衣服的小毛虫，全部快乐就是披红挂绿。为了多余的东西而负债一身是多么疯狂啊！比如现在这次拍卖会，我们可能获得优惠 6 个月的按揭，这也许就会引诱一些手头没有现钱的人，他们以为提前借贷消费没什么关系，可是，想想欠债时你该怎么办吧？为了享受而受制于人。如果不能按时还贷，见到债主你会羞愧难当，和他说话也会心里发毛，拼命用站不住脚的借口来搪塞又是多么难堪，你将失去诚信，堕入卑鄙小人的行列。穷理查曾经说过，最危险的两个缺点，第一是欠债，第二是撒谎，谎言总是骑在债务的背上。拥有自由的人和任何人说话时都不会感到羞愧害怕，但是穷困常常会打垮一个人的精神，剥夺一个人的美德。空口袋站不直。穷理查总是这么说。如果一个政府颁布法令禁止公众和绅士穿着一样，或者保护绅士免除牢狱和奴役之苦，你会怎么想呢？难道你不认为颁布这样一个法令的政府是专横暴虐，侵犯人权的吗？可是如果你欠债难以还清，债主就有权力随时剥夺你的自由，让你像奴仆一样受苦卖命。在你和债主成交以后，也许会把还债的事忘在脑后，但是穷理查早就告诉了我们，放债人比借债人记性好，债主对时间的记忆力非同一般。你还没回过神来，还债的时间就到了；钱还没有凑齐，催债的人就会登上门来。

还有一种可能，你并没有忘记欠债，还债期看起来又绰绰有余，然后随着时间的流逝，最后期限突然来到，时光就像蹬着风火轮，就像插上了翅膀，转瞬即逝。借进是借出的奴仆，借款人是贷款人的奴仆。穷理查的话一点都没错。摆脱束缚，争取自由，保持独立，勤勉和节俭是这一切的基础。千万别感觉自己眼下百事兴旺，就认为稍微奢侈一点没有关系，因为：人生不免穷老，谨记未雨绸缪，旭日东升，终将西落。这些也都是穷理查说的。收入常常是暂时的、不稳定的，但人活着的花销是稳定的、终生的。造两个烟囱容易，让其中一个总有火并不容易。穷理查是这么说的。所以宁可饿着肚子睡觉，也不要背着债务起床。有钱就挣，挣到守好。等你掌握了致富诀窍，也就不会再抱怨世事维艰，也就不会再抱怨税收苛刻了。

话说回来，致富靠理性和智慧，但也别过于依赖自己的勤奋、节俭和审慎。我的意思是还应该祈求上天的保佑，否则再优秀的品德也会枯萎败落。所以，穷理查告诫我们要谦卑地祈祷福庇，对需要祝福的人不要铁石心肠，安慰他们，帮助他们。就算是上帝也是先遭磨难，后得兴旺。

最后，经验是一所学校，只有傻瓜什么也学不到。我们可以给人忠告，但不要越俎代庖。穷理查是这么说的。不过也要记住，听不进意见的人没人帮。穷理查还说，不听理智的话，她就不会给你好果子吃。”

亚伯拉罕神父的长篇演说慷慨激昂。人们听的时候都赞许这些话语，做的时候却忘了。拍卖会一开始，人们又开始大把地花钱，把刚刚的所有提醒都抛到了脑后。这位善良的老人把我的年鉴研究得真是通透，他不时提到我的名字，其他人也许都嫌烦了，我的虚荣心却大大地得到了满足。虽然我很清楚，那些格言箴语真正由我创造出来的也许不到十分之一。我本想在拍卖会上买块好料子做一件新外套，但后来还是决定把旧大衣再穿一阵子。亲爱的读者，如果您也能这样做，您一定会跟我一样大有收获的。

您的穷朋友和仆人

R. 桑德斯

两个勇士抵不上一个谋士。

是砧板就稳稳当当，是铁锤就全力猛砸。

两个骗子互相出卖是最好的事情，不必谴责叛徒，也无需怜悯受害者。

小错不难承受，但当小错积累成大错，任何人都将在劫难逃。

叽叽喳喳的汤姆很快活，他一点也看不到自己的驼背。

傻瓜最需要忠告，可是听劝的只有聪明人。

想获得信仰就要闭上理性的双眼，就像只有熄灭蜡烛才能看见晨光。

肚子太饱，脑袋发蒙，灵感在餐馆里总是挨饿。

节省然后拥有，总比挥霍然后乞讨好。

善意好像春风，哪里需要就吹到哪里。

蜂蜜虽甜，蜜蜂有刺。

既想真诚地服务大众，又想讨大众欢心，是不可能的。

骄傲的现代学者瞧不起古人，正像大学者反倒被小学生嘲笑。

人们也许会看错自己，却没有忘记自己的。

懒汉是魔鬼的仆从：穿的是破衣烂衫，过的是忍饥挨饿，报酬是疾病缠身。

打劫上帝和穷人无异于自掘坟墓。老鹰从圣坛偷走一块煤，结果却烧了自己的巢穴。